Kant tu ne sais plus quoi faire

MARIE ROBERT

Kant tu ne sais plus quoi faire

Il reste la philo

ESSAI

J'AI LU

À Buffignécourt,
à la Petite Maison,
à la Rue Didot
et à leurs propriétaires.

Sommaire

Avant-propos

Après quatre heures à arpenter vainement les allées d'Ikea, abattue par un fort sentiment d'impuissance, je m'étais retrouvée là, au milieu de tous ces cartons, en larmes, prête à gifler la prochaine personne prononçant un nom suédois. Pourtant, la liste avait été bien établie et le catalogue appris quasiment par cœur. Mon esprit méthodique était activé, certain de livrer une démonstration de son efficacité. Mais ça n'avait pas suffi. Perdue pour la cause, trahie par ma raison, j'étais en état de crise. Je ne savais plus quoi faire.

J'ai alors décidé de passer en revue toutes les choses qui, dans la vie, me calmaient et m'aidaient à me sentir mieux. J'ai songé à m'allonger sur un lit au nom de Viking ou peut-être à saisir une bouteille de vodka. Mais, après quelques minutes d'hésitation, j'ai cherché un meilleur remède. Et c'est ainsi que m'est apparue la figure de Spinoza, l'un de mes penseurs préférés depuis bien des années. Assise dans un coin du magasin, j'ai imaginé que mon cher philosophe s'approchait pour me servir un cappuccino et m'adresser quelques mots réconfortants. J'ai arrêté de pleurer, je me suis accrochée à ses concepts. J'ai su prendre du recul et retrouver le fil de mes émotions. Soudain, je me suis aperçue que sa philosophie venait de sauver mon après-midi.

C'est ainsi qu'est née l'idée de ce livre : douze situations de crise et douze philosophes capables de nous apaiser et de nous aider à dédramatiser. Dans ces récits, j'ai voulu parler de tous ces moments qui nous échappent, de ces minutes de chaos où tout vacille, de ces instants qui nous laissent en proie à la colère, aux larmes, à la culpabilité, à l'incompréhension, à la honte, bref, à la *loose*. Des histoires que nous avons tous vécues. Et pour y répondre, quoi de mieux que des paroles rassurantes qui ont traversé les siècles ?

Il me paraissait essentiel de sortir la philosophie des bibliothèques pour la replacer au cœur de nos soirées, de nos rencontres, de notre travail et, surtout, de notre quotidien. C'est peut-être de cette façon que la discipline redevient ce qu'elle sait être depuis des millénaires, c'est-à-dire non pas une théorie abstraite, prétentieuse et ardue, mais une sagesse qui nous fait du bien. Car l'acte philosophique ne se situe pas seulement dans la connaissance, mais dans tout ce qui peut améliorer notre vie, nous soulager, nous préserver, nous permettre de créer de la distance avec ce qui nous atteint, qu'il s'agisse de notre ado insupportable, de la mort de notre chien ou de notre prochain rencard.

Descendre la philosophie de son piédestal, c'est aussi lui rendre hommage, et faire en sorte que ce savoir si précieux devienne familier, afin qu'à la prochaine crise, au lieu de paniquer, on invite Aristote, Platon ou Kant à prendre un café dans notre salon.

Marie ROBERT

Spinoza chez Ikea

Ou le désir et ses contrariétés

Samedi 9 h 54 – Vous vous êtes réveillée avec le sentiment réconfortant d'avoir quarante-huit heures rien que pour vous. Deux jours de plaisirs oisifs, de cafés longuement savourés, de lectures inspirées, de dîners partagés et de sport déculpabilisé. Cette douce plénitude vous envahit totalement, quand soudain… vous remarquez que l'étagère de votre chambre, votre précieuse et fidèle Billy, semble prête à s'effondrer sous le poids des trésors qu'elle contient. La faute, sans doute, aux douze livres achetés l'année dernière sur la méditation, aux albums photos de vos années de lycée, aux souvenirs rapportés d'Inde l'été 1998, et aux encyclopédies qu'aucun site Internet n'est parvenu à vous faire jeter. La solution serait certainement de faire du tri, mais ces objets, vous les aimez, vous ne voulez pas vous en séparer. D'autant qu'il suffirait simplement de rajouter un autre rangement, juste à côté, pour y classer de nouveaux souvenirs.

C'est ainsi que, nourrie par une vague d'enthousiasme, vous parvenez à convaincre votre âme sœur d'aller bruncher dans le temple de l'amusement pour adultes : IKEA. Quelques lettres si familières, si rassurantes, qui vous suivent depuis votre installation dans votre première chambre d'étudiante. Du bois, des concepts, des noms sympathiquement imprononçables, de la bienveillance suédoise, bref, le plan parfait. La voiture est prête, le coffre est vide, prompt à recevoir vos trouvailles, car, en plus d'une étagère, vous vous êtes aperçue qu'il faudrait sans doute renouveler vos casseroles, votre linge de lit, remplacer le support télé et penser à une jolie table basse pour habiller le salon. Catalogue en main, vous avez consciencieusement coché les pages qui vous intéressaient. Vous franchissez la porte du magasin, le sourire béat face à tous ces possibles cachés dans la tôle bleutée. Le parcours commence, plus facile que l'accrobranche. Vous suivez les flèches au sol, acceptant que l'on contraigne votre libre arbitre à suivre un chemin balisé. Au premier virage, vous saisissez un petit crayon de bois avec une excitation enfantine. Vous contemplez avec admiration les appartements modèles qui démontrent, preuves à l'appui, que l'on vit aussi bien dans un loft que dans 18 mètres carrés, et que le bonheur tient à quelques élégantes solutions de rangement.

Vous poursuivez lascivement votre promenade, éprouvant une fascination pour l'espace literie, délimité par une affiche, semblable à un mantra ou un conseil de vie d'un thérapeute familial : « La chambre ? Séparer sans cloisonner. » Parvenu au rayon enfant, vos jambes commencent à flancher. Voilà déjà deux heures, que vous piétinez dans les allées. Votre panier n'est pour l'instant rempli que d'un plaid en matière synthétique, trois paquets de serviettes en papier motif rennes, et deux louches en plastique qui serviront sans doute le jour où vous ferez une monodiète de soupe. Vous êtes poussée par cette irrépressible envie, cet élan qui vous conduit à dire qu'exister, c'est persévérer dans votre désir de dépenser. Vous essayez d'accélérer la cadence, mais vous vous laissez absorber par la vue d'un adorable crocodile en peluche. Votre partenaire commence à hausser légèrement le ton : « Et ta peluche, elle va finir comme celle de l'année dernière ? Au fin fond de la cave ? En collocation avec les mites ? » Vexée, vous faites face à votre frustration, et lui roulez sur les pieds avec votre caddie. Vous feignez de ne pas entendre son cri de douleur. Puis, dans un élan d'efficacité, vous tentez de résister au chemin imposé, parvenant illégalement au rayon bureautique, en enjambant une chaise à trois pieds au *design* appliqué. Au rayon luminaire, dans un mélange de colère et de chaleur, vous dégoulinez de transpiration. Mâchouiller le bout de votre crayon en bois ne suffit pas à vous calmer.

Après quelques moments d'errance, il est largement l'heure de rejoindre l'espace rangement. Entre-temps, vous avez perdu les références des produits que vous aviez repérés, le catalogue est resté posé sur une pile de porte-serviettes en kit. D'une main rageuse, vous saisissez n'importe quoi. Rien ne semble apaiser votre énervement. Vous frôlez la rupture au moment où votre partenaire vous demande : « Qui va encore monter tout ça ? » et vous vous emparez d'une visseuse-dévisseuse d'un geste agacé, avec un fort sentiment d'affranchissement. Que se passe-t-il ? Vous avez basculé. La puissance que vous sentez jaillir en vous ne peut pas être contenue, vous avez beau tenir des discours sur la société de consommation, ici, à ce moment-là, votre désir est illimité, sa durée indéfinie.

C'est le début du chaos. La table basse vous a trompée sur ses dimensions. Vous entendez, au loin, un individu hurlant : « Bah tu l'avais pas mesuré avant ? » Le meuble télé, si raffiné sur papier glacé, montre un peu trop ostensiblement son contreplaqué, et le portemanteau sur lequel vous aviez flashé s'est déjà affiché au bureau et dans votre dernier *Airbnb*. Vous pestez sur la conformité. Cela ne vous empêche pas de vous déchaîner, en attrapant quatre bougies senteurs fruits rouges et vanille, deux packs d'assiettes, et un yucca en plastique, que vous cachez rapidement dans votre cabas jaune. Vous ne savez plus où votre désir vous mène. La personne qui vous accompagne vous dévisage avec mépris, vous lui renvoyez un sentiment identique au moment où elle casse une ampoule pour halogène en la lançant dans le chariot. Le combat s'achève dans l'espace libre-service, où vous vous sentez diminuée par ces hauteurs remplies de paquets à perte de vue, promesses de soirées entières à tenter d'utiliser un tournevis. Vos affaires se cachent quelque part entre les allées B18 et D24. Vous saisissez votre téléphone pour retrouver les références que vous aviez sauvegardées, convaincue que la libération est proche. C'est alors que vous découvrez, horrifiée, que votre mobile est éteint : vous n'avez plus de batterie. Il faut recommencer tout le périple ou dire adieu à vos meubles. Votre désir ne peut pas être assouvi. Les minutes qui suivent se déroulent dans une quasi-transe, teintée de sanglots, d'insultes, de découragement, et d'un ticket de caisse de 236, 80 euros pour des objets dont vous ne connaissez pas réellement l'utilité. Vous reprenez la voiture, excédée. Votre couple est proche de l'implosion alors que vous vouliez simplement acheter une étagère. Il est 19 h 14 et les embouteillages du retour vous laissent prendre pleinement conscience de vos courbatures, de votre sueur, de votre infini désarroi, et de votre détestation profonde du jaune et bleu.

Et il dit quoi Spinoza de tout ça ?

Il est important d'admettre, dès le départ, que Spinoza n'a sans doute jamais voulu acheter une étagère Billy. En revanche, le désir, la vertu, l'adversité, et tout ce qui s'ensuit, le philosophe, Spinoza, Baruch de son prénom, connaît plutôt bien et met tout en œuvre pour vous déculpabiliser.

Le premier mérite de sa pensée, en cas de dépression post-samedi chez Ikea, est bien de nous faire comprendre les mécanismes de notre humanité et donc de nos actes. Il se veut rassurant, et explique que chaque individu est caractérisé par un *conatus*. Pas de panique, cet étrange terme est moins effrayant qu'il n'en a l'air, puisqu'il décrit, tout simplement, une pulsion. Une sorte de force qui nous conduit à nous lever le matin et à éprouver la joie d'exister. Résumons un peu notre affaire. Pour Spinoza, l'homme fait partie de la Nature qui a été créée par Dieu. Donc chaque homme est le représentant des super-pouvoirs divins. À ce titre, nous sommes emplis d'une vive énergie directement venue du ciel, qu'on est farouchement déterminés à conserver, quitte à faire de gros efforts pour la garder intacte. Le *conatus* est donc notre zone protégée, le truc auquel il ne faut pas toucher, et qui fait que nous sommes des créatures naturelles (et pas des personnages de jeux vidéo).

Ce *conatus* porte souvent un autre nom, moins drôle à faire rimer, mais un peu plus grand public : le *désir*. Et c'est bien à ce moment-là que Spinoza devient un excellent thérapeute qu'on aimerait avoir en *podcast* dans nos oreilles lors de chaque après-midi shopping. Dans sa philosophie, le désir, l'appétit, la volonté, la pulsion deviennent des valeurs universelles, qui constituent notre nature profonde, et nous animent. Pas la peine de lutter, il est impossible de s'en défaire puisque c'est ce désir qui montre que nous sommes en vie. Plus qu'une tare, avoir du désir est même une bonne nouvelle, le signe qu'on fait partie de la liste des VIP de la communauté humaine. Il va même jusqu'à écrire : « Le désir est l'essence de l'homme. » On ne peut pas le mettre de côté, le comptabiliser, le minuter, car le désir, ce petit *conatus*, est infini. Seule la mort peut l'arrêter, mais certainement pas un compte en banque un peu trop déficitaire ou un appartement déjà surchargé. Le désir est le témoin de notre vie. Mais, attention, il ne suffit pas de se lever pour le ressentir, il n'existe pas de manière abstraite, dans le vent. Au contraire ! Le désir ne se montre qu'à travers des situations, comme aller chez Ikea par exemple, et se mettre à rêver devant des paquets de serviettes en papier. C'est dans un contexte qu'il s'agite et embrase nos pensées.

Moralité, selon le philosophe, si vous avez des envies qui se succèdent chaque semaine, qu'il s'agisse d'un voyage, d'un café, d'une rencontre, d'une activité ou d'un nouvel objet, ce n'est pas un énième craquage capricieux, c'est simplement votre *conatus* spinoziste qui s'exprime. Comme nous sommes en vie, il est normal que notre désir s'exprime, il participe à l'effort qui nous maintient éveillé, et qui fait de nous des représentants honorables de la nature divine. Presque sans le vouloir, en essayant juste de décortiquer nos pulsions, Spinoza marque un point et fait redescendre la pression de quelques degrés en nous évitant de nous flageller, et en nous indiquant que tout ceci est finalement une excellente nouvelle.

Mais ce n'est pas tout. Comme Baruch est résolument un homme serviable, il est aussi là pour calmer la tempête en nous transmettant quelques précieux conseils au sujet de la vertu. Attention, être vertueux pour lui, ce n'est pas faire une cure *détox* chaque semaine, s'interdire de dire du mal de son nouveau collègue, ne plus se déhancher sur Beyoncé, ou cesser tout achat dans des magasins suédois. C'est plutôt acquérir une vraie connaissance de nos passions, comprendre le dynamisme qui est en nous, être capable de définir ce qui nous plaît. C'est cette écoute du réel et de nous-mêmes qui nous permet d'atteindre la plénitude, la sérénité tant recherchée. Le sage n'est pas celui qui est raisonnable, mais celui qui accède à un savoir réel sur lui et sur les choses qui l'entourent, qui arrive à comprendre ce qui nous porte autant que ce qui nous plombe. Avoir du désir est normal, et même bénéfique, mais ce qui est essentiel, c'est d'apprendre à le reconnaître pour que l'on soit moins contrarié et donc agité, dès qu'il vient à se manifester. Être vertueux, ce n'est pas museler son *conatus*, c'est en faire un familier.

Lors de votre prochaine virée chez Ikea, pensez à Spinoza, félicitez-vous d'être vivant et rempli de désirs. Mais prenez aussi quelques instants pour vous écouter et vous demander si vous avez vraiment envie de ce que vous êtes en train d'acheter. Sans doute que la fin de journée sera un peu plus vertueuse et, surtout, beaucoup moins douloureuse.

Spinoza en quelques lignes
(1632-1675)

Né le 24 novembre 1632, à Amsterdam, Spinoza a eu une vie particulièrement mouvementée. Condamné par la communauté juive, en 1656, pour avoir des idées contraires à la religion, il est obligé de vivre loin des siens. Et c'est seulement en 1677, après sa mort, que sort *L'Éthique*, qui deviendra un incroyable best-seller. Son projet était de mettre en place une philosophie pratique permettant à l'homme, en toute tranquillité, d'atteindre la liberté. En précurseur du développement personnel version intello de luxe, Spinoza s'interroge : comment combattre les passions qui nous dévorent et nous opposent aux autres ? Quels sont les joies et les désirs qui affirment pleinement notre personnalité ? De quelle façon l'homme peut-il sortir de sa passivité et accéder à une réelle activité ? Le tout réuni sous forme de système, mêlant des réflexions sur Dieu, la nature, et même la géométrie. Spinoza est un incontournable de la philosophie.

Le livre anti-crise
L'Éthique

Dans cet ouvrage, publié posthumément pour éviter la censure, Spinoza développe ses idées à la façon des mathématiciens, en enchaînant des propositions rigoureusement déduites les unes des autres. Il examine tour à tour Dieu, la liberté, les passions, pour élaborer une nouvelle définition du sage.

Philo Rescue

• Le désir est juste la preuve que nous sommes des êtres humains. Il est l'expression de la merveilleuse force de vie qui nous permet de nous lever le matin.

• Le désir n'est pas à combattre, il est irrépressible et infini, mieux vaut reconnaître quand il se présente au lieu de culpabiliser.

• La sagesse s'acquiert par connaissance de soi. Rien n'est condamnable, il faut juste savoir qui on est et où on va. Apprendre à s'écouter.

Aristote et gueule de bois

Ou croire en l'Expérience

Cette fois, vous l'aviez pourtant juré sur tous les livres sacrés que comptait votre bibliothèque : plus jamais vous n'auriez la gueule de bois. Vous en aviez fini avec cette sensation métallique donnant à votre crâne l'impression d'être aussi fiévreux qu'un stade de foot brésilien lors d'une finale de Coupe du monde, la victoire en moins. Vous aviez renoncé à l'inconfort de cette bouche pâteuse, aux nausées récurrentes, aux yeux qui piquent, aux lendemains difficiles. Pour vos amis, vous étiez devenu un personnage de série. Celui dont on sait que, chaque soirée, il déclinera le mot « mé-mo-ra-ble » en détachant les syllabes au rythme de ses folies.

Il faut dire que, durant toutes ces années, vous aviez sacrifié corps et âme sur l'autel de la fête. Vos frasques avaient le goût de l'exploit. Ces excès étaient devenus une manière de vivre, de réécrire sans cesse votre jeunesse à grands coups de lunettes noires dans la nuit, et de carte de crédit oubliée dans les vestiaires. Le rituel était toujours le même, frénésie de textos pour trouver le lieu, l'endroit, la tenue.

Et puis, enfin, le moment de sortir, vêtu d'une nonchalance que seuls affichent les gens organisés. Quelques mondanités autour d'un premier verre, avant de rentrer dans le vif du sujet, et constater que le panache fond plus vite que les glaçons dans le mojito. Musique à fond, bras en l'air, cris déchaînés, moiteur et lumière saccadée. La fièvre du samedi soir, qu'importe le taux d'ivresse pourvu qu'on ait l'euphorie. D'ailleurs, vous avez longtemps affirmé que tituber n'est rien d'autre qu'une manière de danser. On vous retrouvait souvent, le dimanche à l'aube, scrutant l'ouverture d'un *fast-food*, en quête d'un burger que vous auriez pu chasser à mains nues tant vous étiez affamé. Vous passiez les heures suivantes à essayer de combler les souvenirs de la veille. Préférant omettre volontairement les moments les plus embarrassants, ceux où votre sens de l'humour prenait quelques kilos. Vos week-ends étaient des montagnes russes durant lesquels l'excitation juvénile et le déclin coupable se succédaient sans fin.

Et puis, un jour, après un énième *looping* de fin de semaine, vous aviez décrété que tout cela était derrière vous. À force de chanter le même refrain, déchaîné le samedi soir, et minable le lendemain matin, vous pensiez avoir acquis quelque chose de précieux qu'on appelle l'expérience. Vous tiriez un trait au marqueur indélébile sur vos égarements. En fait, vous étiez certain d'avoir appris à vous écouter, et vous aviez décidé que votre souplesse n'allait plus vous servir à grimper à demi dénudé sur les tables, mais plutôt à perfectionner vos postures de yoga.

Croyant à vos résolutions, vous êtes officiellement devenu un maître de la vie saine. Affichant autant votre passion du sans gluten que, jadis, votre obsession de la débauche. Vos cocktails n'ont plus de place pour autre chose que des légumes, et vous les prenez à 6 heures du matin, avant votre jogging, et après avoir fait un peu de méditation. Vous êtes fier d'afficher cette nouvelle maturité, cette progression dans la connaissance de vous-même. Vous êtes persuadé d'être engagé dans une nouvelle existence, vivant d'amour et d'huiles essentielles. Les dimanches après-midi, médiocrement couché devant la télé, en train de digérer les folies de la veille, ont, pour l'instant, disparu de votre vie.

Alors en recevant ce message, indiquant que vous êtes convié à une « énorme soirée », vous avez plutôt souri. Comme si la vie vous mettait au défi de prouver que l'expérience vous avait fait évoluer, et que vous saviez à présent résister aux tentations, même en zones de turbulences. Vous acceptez le défi, car vous voulez montrer à tout votre entourage que vous pouvez être « rai-son-na-ble » avec autant de plaisir que de syllabes détachées au rythme de votre sobriété. Votre premier réflexe est d'envoyer un texto, parfaitement aimable et enthousiaste, afin de prévenir de votre venue tout autant que de votre départ avant minuit. C'est ainsi désormais que vous allez passer vos samedis, dans un savant mélange d'amabilité joyeuse et de préservation de votre personne. Bref, la sagesse incarnée.

Vous arrivez dans le bar, avec le regard confiant et légèrement supérieur de ceux qui savent résister à toutes les tentations. Vous êtes serein, content de percevoir ces festivités d'une autre manière, rassuré de savoir que vous savez distinguer où est votre bien. À 23 heures, vous êtes toujours aussi frais et enthousiaste, en pleine discussion sur les nouvelles tendances de régime. À 23 h 30, vous vous apprêtez à aller chercher vos affaires au vestiaire, quand, soudain, une vieille connaissance vous prend au dépourvu, vous offrant un verre en souvenir du « bon vieux temps ». Un peu d'insistance et une rapide négociation entre vous et votre esprit vous permettent de conclure qu'un seul gin tonic ne va pas balayer vos bonnes résolutions. Après tout, jamais quelques gorgées n'ont suffi à mettre en péril un dimanche. À 1 heure du matin, alors que vous êtes tassés à six dans un taxi pour aller dans un endroit non identifié, vous parvenez à vous persuader que transpirer un peu est une manière de poursuivre votre programme *détox* de la semaine. À 3 heures, vous êtes debout sur une table, chantant à pleins poumons sur un tube de l'été et finissant tous les verres qui traînent. À 4 heures, vous ne savez plus du tout où vous habitez. À 5 heures, vos résolutions sont enterrées.

Il y eut un samedi soir, il y eut un dimanche matin. Il est 14 h 02, et vous voilà dans votre lit avec le sentiment détestable que vous avez lamentablement échoué, répétant exactement les mêmes incartades. Vous avez la tête qui tourne et une nausée tenace. En trahissant la promesse que vous vous êtes faite, vous avez retrouvé vos vieux démons et vous avez plongé dans les méandres de la culpabilité. L'expérience que vous pensiez avoir conquise s'est dissoute dans des cocktails. Vous n'avez pas su vous écouter. Les verres s'entrechoquent encore dans votre tête, vous rappelant cruellement qu'entre boire et devenir, il faut choisir. Vous êtes nauséeux, fatigué, coupable, vous donneriez tout pour revenir en arrière et passer la soirée, chez vous, à regarder un documentaire.

Et il dit quoi Aristote de tout ça ?

L'histoire ne dit pas si Aristote aimait faire la fête. En revanche, il est assuré que, question estime de soi et manière de vivre, il est un redoutable expert. Lorsqu'il écrit *L'Éthique à Nicomaque,* l'un des plus célèbres philosophes de l'Antiquité se donne une mission, celle de comprendre quelle est la meilleure manière d'agir. Sa philosophie est un guide pratique. Son éthique, une morale qui veut des résultats. C'est-à-dire qu'il essaye de savoir quel est le but de notre existence. Une fois ce dernier trouvé, il nous donne les clés pour être en mesure de l'atteindre. Si finir son samedi soir un peu trop alcoolisé ne semble pas être une fin en soi, ni un objectif hautement recommandable, à travers ses mots, on parvient pourtant à faire de ce moment pathétique un moment d'expérience, et donc le début de la sagesse. Chaque instant de vie, même humiliant ou décevant, est une étape supplémentaire dans la connaissance de nous-mêmes. En étant aussi réconfortant, il ne faut guère s'étonner que sa pensée ait survécu à deux mille cinq cents ans de culpabilité.

Sa réponse sur ce qui doit influencer toutes nos actions aurait pu tenir en quelques lignes, car, dans sa pensée, notre horizon ultime se résume en un précieux mot, et se nomme tout simplement « le bien ». Mais attention, chez Aristote, « le bien » n'est pas une notion impossible à atteindre. Au contraire, ici, le bien n'est rien d'autre que le bonheur, dont il est synonyme. En somme, l'ambition de la morale serait tout bonnement qu'on se sente en harmonie avec nous. Être vertueux, ce n'est pas se priver d'une sortie entre amis, c'est plutôt se donner la possibilité d'être heureux. Car si, dans le langage courant, la vertu évoque une attitude un peu coincée, ici, il s'agit juste d'apprendre à être bien.

Mais, attention, car le bonheur privilégié par Aristote n'est pas un plaisir du corps, ni un plaisir social, mais plutôt un bonheur méditatif, celui du sage qui suit le juste milieu avec courage, tempérance, et sérénité. Il décrit un bonheur véritable qui ne dépend pas des aléas du monde extérieur. C'est un bonheur qui loge à l'intérieur de nous. Mais, maintenant qu'il nous a fait envie avec cette très désirable façon de vivre, reste à savoir par quel chemin la rejoindre.

Pour toucher à tout cela, il va falloir accepter de prendre son temps. Car connaître cette profondeur suppose un solide entraînement. Le bonheur véritable demande d'être vertueux, or la vertu ne se décrète pas en un claquement de doigts. Elle ne peut émerger qu'à travers un vécu, qu'on appelle l'Expérience, elle-même composée d'une multitude d'expériences. Eh oui, voilà la plus utile des clés. C'est seulement en faisant usage de la vie, en traversant des états positifs ou négatifs, que l'on progresse dans la découverte du monde et de soi, que l'on apprend à écouter notre raison. Notre gueule de bois du dimanche est donc bénéfique, elle nous fait comprendre quelque chose. Elle permet de franchir une étape, et de se rapprocher progressivement de l'état dans lequel on va se sentir bien. L'Expérience nous aide par exemple à réduire les verres à chaque sortie, et à être en mesure de savoir qu'au bout de deux cocktails, il est temps de se mettre au lit ou de choisir la sobriété. Elle nécessite de s'écouter et de faire preuve de patience, en s'accrochant à des victoires quotidiennes.

Ce qu'il faut comprendre, c'est que la vertu est une manière de vivre continuelle. La culpabilité ne nous rend pas meilleurs, mais l'expérience qu'on tire de notre vécu et de nos déboires oui. Ce ne sont pas quelques résolutions ou une série de contraintes qui feront de nous un modèle de vie bonne. Cette expérience n'est jamais définitivement acquise, elle n'est pas un point fixe, mais un passage qui, avec persévérance, forge notre destin. Ce qui compte, ce n'est pas d'être parfait, c'est de ne pas reproduire des impairs identiques, et de toujours évoluer.

Chez Aristote, la vertu se trouve entre connaissance et action. Il faut bouger pour avancer, se confronter, tenter, qu'importe si on doit vivre des excès et se tromper. C'est une volonté de bien agir qui, à force de se manifester, devient ordinaire et fait dire au philosophe que « nous sommes ce que nous répétons sans cesse. L'excellence n'est donc pas un acte, mais une habitude. » La prochaine fois que vous serez invité à une soirée, ne restez pas couché, mais ne refaites pas les mêmes erreurs, refusez le gin tonic et prenez soin de vous en montrant que la vertu est le meilleur chemin pour passer un heureux dimanche matin.

Aristote en quelques lignes
(384-322 av. J.-C.)

Né sur une île des Cyclades en 384 av. J.-C., Aristote est encore adolescent quand il commence sa formation philosophique, en rejoignant, à l'âge de dix-sept ans, l'Académie de Platon. Entouré par la fine fleur de la pensée grecque, il aiguise son esprit, devient le précepteur d'Alexandre le Grand, et se fait remarquer par sa vivacité, au point de prendre ses distances avec son maître et d'ouvrir son propre établissement, qu'il appelle le Lycée. Avec ses élèves, il réfléchit en marchant, afin de garder l'esprit en mouvement. Touche-à-tout des concepts, il se balade dans le monde des idées en enchaînant des réflexions sur une multitude de sujets, à travers plusieurs disciplines comme l'éthique, la logique, la politique, la médecine ou la physique. Il se paye même le luxe d'aller jusqu'à poser les bases de certaines d'entre elles. Pas étonnant avec une telle success-story d'intelligence qu'il ait été traduit et interprété aussi bien par la tradition chrétienne qu'arabe, et qu'il demeure une référence mondialement étudiée.

Le livre anti-crise
L'Éthique à Nicomaque

Quel est le bien suprême ? Il s'agit du bonheur, mais Aristote montre que les hommes divergent sur les moyens pour l'atteindre, donnant à cet ouvrage un écho furieusement actuel.

Philo Rescue

• Le but de l'existence est le bonheur, qui peut prendre plusieurs formes : plaisirs, honneurs, gloire, etc. Mais le plus grand bonheur est celui qui ne dépend que de nous.

• Pour atteindre le bonheur, il faut être vertueux et cela prend du temps.

• La plus grande clé pour être heureux est l'expérience qui est toujours en construction. C'est seulement en vivant, en agissant, et en se trompant qu'on découvre sa nature et qu'on fait un bon usage de sa raison.

Just do Nietzsche

Ou le dépassement de soi

Combien de fois vous êtes-vous imaginé la ligne d'arrivée ? Vous aviez tout le film en tête. La tension dans les articulations, une chaleur vive au creux des muscles, le regard concentré, braqué vers l'horizon, quelques gouttes de sueur sur le front, un pas en avant, puis un autre, au-delà de toute douleur. Et puis, enfin, la ligne d'arrivée, vos genoux précipités à terre, vous n'entendez que la rumeur de gloire dans les tribunes, le refrain « *We are the champions* » épousant discrètement votre rythme cardiaque, tout le corps libéré, prompt à délivrer une accolade émue à vos coéquipiers admiratifs. Dans votre tête, la scène se terminait souvent par un long plan-séquence, la caméra dirigée sur vous en pleine interview, vêtu de la modestie des héros qui font de la victoire une simple formalité.

Ce rêve d'être un sportif triomphant, vous l'avez fait des centaines de fois depuis que vous savez marcher. En fermant les yeux, vous vous inventiez une carrière légendaire, recordman des kilomètres autant que des sponsors. Mais, un jour, une idée a germé dans votre tête et vous

vous étiez finalement motivé pour courir le tout premier marathon de votre vie et faire de votre rêve une réalité. Vous avez rempli le formulaire d'inscription avec la sensation de faire un saut en hauteur au-dessus de votre flemme et de vos craintes. Après tout, vous n'étiez qu'à une paire de baskets de réaliser le plus grand défi de votre existence, l'ultime dépassement.

Galvanisé par votre décision, vous étiez prêt à commencer votre préparation. Votre « prépa », comme on dit dans le jargon des *runners*. Vous aviez arrêté un planning, neuf mois en avance. Vous vous étiez plongé dans des recherches pointues. Vous suiviez toutes les pages *Facebook* de la discipline, vous surprenant à lire des avis sur les gels énergétiques. Vous aviez établi un comparatif sur les différents types de semelles, consacrant plusieurs samedis à saisir les subtilités de votre foulée auprès d'un vendeur expert en tendons fragiles. Vous vouliez être le meilleur. Mais, surtout, vous affichiez une discipline de fer, accumulant les sacrifices et limitant les sorties entre amis.

Au bout de quelques mois, vous ressentiez une fierté inégalée, visant sans cesse l'augmentation de vos performances. Plus que vos quadriceps, c'est votre ego qui gagnait en épaisseur. Vous aviez toujours fait du sport, et l'effort, vous le saviez, était aussi difficile que bénéfique, mais ici, c'était encore autre chose qui se jouait. À chaque sortie longue, vous dopiez votre confiance, vous vous sentiez un peu plus solide, libéré de tous vos doutes, et capable de faire du monde votre territoire de jeu. Votre corps semblait gagner en puissance et votre esprit en détermination. À l'issue de votre préparation, vous sentir en mouvement devenait une nécessité quotidienne, quitte à repousser un peu plus vos limites. Chaque jour, vous déclinez comme un mantra : « Je cours donc je suis », rassuré par les résultats affichés sur votre montre connectée.

Neuf mois se sont écoulés, vous êtes désormais fin prêt à devenir marathonien. Le parcours est rodé, les chaussures ajustées et la *play-list* spécialement programmée pour vous motiver. Mais, alors que vous êtes à quelques foulées de votre apogée, vos gestes semblent soudain régis par une curieuse lourdeur. Votre dos bloqué vous donne une étrange allure, loin de celle des guerriers grecs. Aucune crème mentholée ne parvient à vous soulager. Vous êtes pris de vertiges en faisant vos lacets. Vous n'êtes plus acteur dans un film d'action, mais plutôt figurant dans une série hospitalière. En cherchant les causes de votre mal, vous découvrez l'inacceptable vérité. Vous souffrez d'une pathologie terrassante, qu'aucun entraînement rigoureux ni matériel sophistiqué ne peuvent soulager. Vous êtes tout simplement victime d'une crise de trac. Le stress et la panique vous assaillent. Vous vous sentez faible, aussi impuissant qu'imposteur, rattrapé par vos peurs. Bref, pour rejoindre comme prévu la ligne d'arrivée couvert d'acclamations, et ne pas laisser votre rêve s'évanouir, il vous faut urgemment retrouver votre mental de vainqueur. Un coaching s'impose.

Et il dit quoi Nietzsche de tout ça ?

Avec son physique fébrile et sa santé défaillante, difficile d'associer Friedrich Nietzsche à la notion de sport, encore moins à l'image sculptée d'athlètes musclés, exultant face à leurs performances. Et pourtant, sa pensée contient autant de réflexions sur le dépassement de soi, que son nom porte de consonnes.

Pour recevoir une leçon de coaching du philosophe, il faut accepter de faire un petit détour par l'histoire de ses idées. Le point de départ est sa critique du christianisme. Tout au long de son œuvre, Nietzsche demeure particulièrement virulent sur ce thème, car, selon lui, la religion, uniquement axée sur la prière, met la terre en infériorité par rapport au ciel. Dès lors, elle nous détourne de notre vie, nous forçant à déconsidérer notre quotidien, car, à force de regarder vers le haut, nous oublions notre existence ici-bas. Cette situation tend à disparaître, puisque le christianisme perd du terrain. Nietzsche va même jusqu'à expliquer que « Dieu est mort ». Cela ne signifie pas que plus personne ne croit en lui, mais plutôt que nos valeurs, les principes de nos actions, ne reposent plus sur la foi, ou sur l'obéissance à une morale toute faite. Le problème est qu'une fois sorti de ce système, certes contraignant mais aussi rassurant, l'homme se retrouve livré à lui-même. Tout ce sur quoi était fondée la société s'écroule et cela n'est pas sans conséquence.

La perte des valeurs, telles qu'on les a connues, conduit au nihilisme. Trop souvent, le terme est caricaturé, et synonyme de destruction, alors que chez le penseur allemand, le nihilisme est subtil et nuancé. Il en décrit deux formes. D'abord le nihilisme passif. Celui du « à quoi bon ? ». Dépossédé de ce qui le structurait, l'homme n'a plus la force de croire en rien, il ne veut plus ériger aucun principe, ni établir de valeurs. Ce nihilisme-là, il faut bien entendu le combattre. C'est celui qui nous pousse vers une inactivité totale, un ramollissement de notre personne. Mais dans *Ainsi parlait Zarathoustra*, Nietzsche présente aussi le nihilisme actif. C'est précisément celui-ci qui va nous intéresser. Puisque Dieu est mort, et que nous avons perdu nos anciennes valeurs, autant les remplacer par de nouvelles. Pour Nietzsche, c'est ici que débute un passionnant travail de reconstruction. Afin de dessiner une nouvelle morale, il va falloir revaloriser l'être et la vie sur terre, trop longtemps mise à l'écart par les hautes sphères de la religion. Or, pour nous enraciner et nous rappeler à notre condition d'homme, rien de tel qu'un bouillonnement de vie. Et dans cette perspective, quoi de mieux qu'un challenge ?

Nietzsche dévoile le fait que chaque individu possède en lui une énergie qui agit tel un moteur, nous poussant toujours plus loin. C'est ce qu'il appelle la volonté de puissance : « La vie est, à mes yeux, instinct de croissance, de durée, d'accumulation de force, de puissance : là où la volonté de puissance fait défaut, il y a déclin. » C'est exactement sur cette puissance qui s'exprime par exemple dans le sport que repose le nihilisme actif. C'est grâce à elle que nous allons bâtir des valeurs inédites. Le trac que l'on ressent avant une compétition ou un examen, cette tentation de reculer devant l'obstacle, est une trace du nihilisme passif, de ce détachement qui donne envie de rester chez soi et qui nous fait décliner. Au contraire, affronter l'épreuve, être dans l'action, c'est affirmer sa puissance, affirmer le fait que l'on est vivant.

Plus encore que vouloir conserver cette volonté de puissance, il faut franchir une étape supplémentaire, et sans cesse vouloir l'augmenter, la défier, car c'est en entraînant constamment cette force qui est en nous qu'on accède au stade de surhomme. Attention, le surhomme pour Nietzsche n'est pas un homme parfait, ni un homme présélectionné sur des critères génétiques, c'est plutôt un idéal à viser, afin de faire émerger ce qu'il y a de plus fort et de plus louable dans l'humain. C'est en voulant être un surhomme, que l'individu apprend à se surpasser. C'est dans notre acharnement à aller au-delà de nos peurs, de nos habitudes, de notre confort, qu'on libère la puissance de vie qui est en nous. C'est seulement de cette façon qu'on intensifie les joies de l'existence, et qu'on abandonne ce qui nous affaiblit. Des valeurs jusqu'à présent ignorées se mettent en place : le plaisir, la rigueur, le courage, la force. Ces valeurs ne viennent pas du ciel, mais de nous-mêmes. Les défis sont une arène pour fêter ce renouveau de nos principes, pour ressentir la lutte acharnée de notre nihilisme actif. Nous renonçons à l'oisiveté, à l'indifférence, à la peur, afin de faire triompher la vie.

Alors bien que ce combat traverse parfois des zones troubles, que le nihilisme passif tente de nous rattraper, ne lâchez rien, vous avez déjà fait le plus dur, il vous reste à incarner ce que vous êtes, à savoir, le meilleur. Pensez au film de votre vie, regardez vos pieds plutôt que le ciel, et devenez le surhomme que vous méritez d'être.

Nietzsche en quelques lignes
(1844-1900)

Né à Röcken, en Prusse, en 1844, Friedrich Nietzsche vit une enfance scolairement brillante, mais très tourmentée par des angoisses existentielles. Dévoré par un appétit de connaissances, il se prend de passion pour la poésie, et poursuit son parcours dans les meilleurs établissements, avant de devenir, à vingt-quatre ans, professeur de philologie à l'Université de Bâle, se plongeant dans les textes en langue ancienne afin de les analyser en détail. Il se passionne pour l'Antiquité grecque dans laquelle il voit une incroyable source d'inspiration pour son époque. Obsédé par l'idée de fournir une version moderne de la culture allemande, il publie de nombreux ouvrages, s'attaquant sévèrement au christianisme et à la morale classique, dans lesquels il voit la négation de la vie et l'éloge de la contrainte permanente. Dans les dix dernières années de son existence, il tombe terriblement malade, sombre dans la folie, subissant des crises de démence aussi profondes que sa philosophie.

Le livre anti-crise

Ainsi parlait Zarathoustra

À la fois poète et prophète, Zarathoustra se retire dans la montagne et revient parmi les hommes pour les inciter à rejeter tout ce qui, dans la vie, est subi plutôt que voulu. Vouloir suivre une morale toute faite paralyse trop souvent le désir, la création et la joie. Le surhomme est celui qui est capable d'écouter ses instincts en les maîtrisant.

Philo Rescue

- Plutôt que d'appliquer des valeurs toutes faites, il est important de définir les siennes et d'écouter son instinct.
- Chaque individu possède en lui une énergie qui ne demande qu'à grandir.
- Être un surhomme, ce n'est pas faire des exploits, mais c'est apprendre à se dépasser pour devenir qui on veut vraiment être.

Pas de breaking news dans le jardin d'Épicure

Ou l'éthique en pleine Conscience

Quoi de mieux qu'un week-end entre amis pour dissoudre les tensions d'une semaine de travail harassante ? Vendredi soir, coincé dans les embouteillages, entre un concert de klaxons et des senteurs de pots d'échappement, vous êtes déjà en train de décliner le champ lexical du repos. Transats à rayures, lectures inspirantes, matinées aussi étirées qu'un maître yogi, dîner savoureux et discussions emballantes. Vous êtes prêt à vous transporter dans un autre monde. Pas celui des dossiers à boucler ou des courses au supermarché, mais celui où le véritable luxe se niche quelque part entre le calme et la volupté. Votre besoin de vacances ne peut plus attendre. Les mains sur le volant, vous saluez l'initiative des organisateurs, saupoudrant de gratitude chacun de vos regards adressés aux panneaux directionnels. Comme souvent, vous avez coupé la radio pour éviter le stress des alertes info, préférant la musique sereine de vos joyeuses pensées. Une fois parvenu, tard, dans le silence nocturne de la maison, votre valise autant que votre cœur sont chargés d'amour à partager, et votre corps fatigué ne demande qu'à être déposé dans des draps aussi doux que vos perspectives. Vous vous endormez avec un seul souhait, laisser votre esprit se ralentir, épouser la couleur des arbres, la fraîcheur de l'air, et l'absence totale d'agitation et de contrariétés.

C'est donc avec un sourire radieux que vous rejoignez la table du petit déjeuner, ravi de retrouver vos copains. Votre sourire se transforme en léger rictus en constatant qu'ils ont pour la plupart un œil encore fermé, et l'autre rivé sur l'écran de leur téléphone. Ils commentent, autour d'une tasse, les dernières actualités qui défilent sous leur pouce, passant d'une tartine à un drame, dans une fluidité propre aux bavardages que l'on tient dans les cafés. Avant même d'avoir avalé une tasse de thé, vous avez déjà consommé deux histoires de crashs aériens, le destin d'un dauphin échoué sur une plage, sans compter une demi-douzaine de scandales politico-financiers. Bien que sentant déjà votre âme se courber sous la charge de ces nouvelles, trop sinistres pour un réveil, vous vous exercez à conserver votre bonne humeur. Vous êtes en week-end avec des gens que vous appréciez, et après tout, même si vous trouvez leur obsession matinale pour les infos assez vaine, ce n'est pas cela qui va vous priver de votre plénitude.

Pourtant, la situation semble s'aggraver en préparant le déjeuner, quand votre ami d'enfance décide d'énumérer l'intégralité des dangers possiblement provoqués par la consommation des ingrédients contenus dans la salade composée. À grand renfort de noms sophistiqués, de terminologie de composants chimiques, et de preuves glanées sur Internet, il vous dresse un portrait paranoïaque, transformant ce repas, en apparence inoffensif, en une sorte de *serial killer*. La peur du monde a remplacé l'ancestrale peur des dieux. Chaque sujet se transforme en objet de crainte. Vous écoutez, votre estomac pris de violentes nausées, à moins que cela ne soit votre cerveau. Finalement, privé de tout appétit, vous partez en promenade avec un autre camarade, omettant trop vite sa passion pour les théories complotistes. C'est ainsi qu'entre deux respirations au bord de l'océan, il échafaude un ensemble d'hypothèses alambiquées, avec pour ambition de prouver que les aliens détiennent, à coup sûr, les codes du nucléaire. Vous êtes à bout de souffle, l'iode et la brume marine ne vous protégeant pas de l'asphyxie. Ce dont vous êtes certain, c'est que vous avez les cervicales raides, ainsi qu'un mal de crâne persistant, et que cela n'est le fait d'aucun complot, mais bien de toute cette avalanche de paroles toxiques. À l'heure de l'apéro, vous avez une vision d'horreur, celle de vos amis drogués aux chaînes d'info continue, aux flashs d'actualité, aux alertes en tout genre, et qui, sous couvert d'être « tenus au courant », se laissent happer par des écrans, dessinant le portrait d'une civilisation en souffrance et en perdition, face à laquelle vous êtes désarmé. Les verres s'entrechoquent au rythme des histoires anxiogènes et addictives, qui au lieu de déclencher votre empathie vous plongent dans une détresse rendant votre bonheur impossible.

Il faut dire que, depuis quelque temps, vous avez déjà pris l'habitude d'éviter de croiser les unes de la presse, affichées dans la rue. Vous préférez vous extasier sur un détail d'une façade ou d'un hall d'immeuble joliment éclairé. Vous ressentez le besoin de préserver votre structure psychique, de l'éloigner des écrans hyperactifs, des nouvelles alarmistes et des *tweets* d'apocalypse. Vous avez commencé à développer des capacités de funambule verbal, évitant toute discussion autour de sujets potentiellement un peu trop médiatisés. Mais il faut croire qu'ici, vous avez baissé la garde. Ce samedi soir, plongé dans le bain de ces *breaking-news* perpétuelles, vous restez muet, incapable d'expliquer à vos proches votre refus catégorique de vous doper à la préoccupation et au stress sans passer pour un égoïste fasciné par la fuite. Soudain, vous en êtes presque à regretter les embouteillages, les klaxons, et les pots d'échappement de votre bulle automobile, qui, par sa tranquillité silencieuse, s'apparentait bien plus à votre jardin rêvé. Si vous ne trouvez pas d'habile stratégie pour finir le week-end, vous allez finir par aller vous cacher quelque part en attendant que ça passe.

Et il dit quoi Épicure de tout ça ?

Lorsqu'on se met à parler d'épicurisme, on imagine rapidement la couverture d'un hebdomadaire sur les amusements de l'été. Faisant prétendument l'éloge de la jouissance, de la récréation, voire même de la débauche, Épicure se retrouve, aux yeux de la postérité, nommé malgré lui gourou de la vie facile et de tous les plaisirs. Oui mais voilà, malgré sa réputation, il faut admettre qu'être épicurien n'a rien à voir avec la posture du bon vivant qui aime un peu trop boire et manger. Car même si le philosophe grec exerçait sa pensée, posé dans son jardin, et qu'il ouvrait ses séances à un ensemble hétéroclite d'individus, sa doctrine était bien loin d'un *lifestyle* dévergondé, dépourvu de toutes limites. Au contraire, l'ambition est de bien vivre et pas de le faire n'importe comment.

Gracieusement allongé sur sa chaise longue antique, ce n'est pas un concept mais un mode de vie qu'Épicure cherche à définir. La sagesse grecque est un art qui engage l'ensemble de notre personne. Faire de la philo ne consiste pas à collectionner des connaissances pour avoir l'air intello dans les dîners, ni à devenir un spécialiste de la citation compliquée. Pour les hellénistes, et Épicure en particulier, la discipline ne sert qu'à nous rendre meilleurs, nous faire progresser, et, encore une fois, nous permettre d'être heureux. Sauf que, dans son cas, être heureux, c'est avant tout être tranquille. C'est-à-dire, profiter du silence, du temps, de ses amis, de ses pensées, de la nature, sans tracasser inutilement son esprit avec des catastrophes, plus ou moins vérifiées, ou des alertes qui ne font que nous angoisser.

Chez lui, le bonheur se définit plutôt par ce qui ne vient pas l'altérer. Le bonheur c'est de n'avoir aucune souffrance dans le corps, c'est-à-dire être dans un état qu'on appelle *aponie*, ni de troubles dans l'âme, ce qu'on désigne par le terme *ataraxie*. La tranquillité du corps et de l'âme, *aponie* et *ataraxie*, sont les deux passages obligés pour se sentir bien. En se penchant sur la question, il est effectivement difficile de se dire qu'on se trouve au maximum de notre joie quand on est en pleine indigestion, et qu'on fait une crise de panique en pensant à un éventuel complot martien. *Aponie* et *ataraxie* deviennent le couple sympa avec qui on a envie de partir en vacances. Le problème, c'est que, comme tous les gens sympas et agréables, ils ne sont pas toujours faciles à joindre.

Mais en fin tacticien, afin de garantir la réussite de ce parfait « programme bonheur », Épicure commence par établir la liste de ce qui fait obstacle à cette paix tant recherchée. Et en pole position des gâcheurs de journée, de week-end, et de vie, il identifie immédiatement la peur, dans toutes ses déclinaisons : peur de la fatalité, peur de la mort, peur de la souffrance émotionnelle, peur de ne pas être heureux. On constate que deux mille trois cents ans plus tard, hormis quelques nuances, on nage toujours dans les mêmes eaux troubles, à ceci près que nos angoisses sont amplifiées par l'hypermédiatisation, et nos craintes projetées en réalité augmentée. Alors, comment ne pas se noyer ? Épicure est catégorique, pour s'en sortir, et rester serein, il faut d'abord prendre le temps de réfléchir à nos craintes, les observer, comprendre leur provenance, et, ensuite, faire le tri entre celles que l'on peut éviter, et celles que l'on doit accepter.

De son côté, il s'exerce à dégommer les raisons de nos angoisses en quelques analyses logiques bien ficelées. La peur du destin est infondée, car tout est gouverné par des phénomènes physiques, qui, de toute façon, nous dépassent. Celle de la mort est inutile. D'une part parce que, quoi qu'il arrive, nous allons finir par mourir, il serait donc préférable de l'admettre plutôt que de se torturer. D'autre part, on ne peut pas redouter quelque chose qui arrivera quand on ne sera plus là pour y penser. La souffrance émotionnelle, quant à elle, finit toujours par s'atténuer, et, en attendant, mieux vaut se rappeler de bons moments. Reste la peur de ne pas être heureux, qui concentre toute son attention, et, pour cela, un seul plan d'action, être moins dépendant du monde extérieur, se contenter de peu, et être capable de nous réjouir pleinement du plaisir d'exister. Épicure nous incite à apprécier chaque particule de bonheur, à savourer ce que l'on aime, à profiter de toutes les opportunités, comme celle de passer deux jours dans une maison en bord de mer. L'ambition est que l'on soit uniquement guidé par des envies simples, et par des goûts les plus minimalistes possible. À croire que dans la pensée, comme dans la décoration, la sérénité repose souvent sur des basiques intemporels. En nous recentrant sur nos véritables besoins, et non sur le flux de nos chaînes d'informations, notre jardin intime devient ainsi un palace où *aponie* et *ataraxie* sont les maîtres des lieux.

Dans cette perspective, ce qu'il faut expliquer à vos amis, c'est qu'une surenchère d'infos sordides et décousues, c'est autant de peines totalement inutiles qu'on aurait pu éviter. L'effervescence médiatique ranime des peurs qui n'ont pas de fondement, puisqu'on n'a pas d'action sur elles. On ne va pas aller sauver le dauphin échoué, ni rattraper l'avion avant son crash. Se laisser envahir, ce n'est pas être altruiste, c'est s'infliger un mal supplémentaire, qui loin de nous rendre plus sensibles, nous empêche au contraire de nous concentrer sur la chance que nous avons d'être là, ici et maintenant. Savoir se mettre à distance, oser couper court aux discussions qui nous angoissent, éteindre la radio et la télé, ou encore, poser son téléphone et sa tablette, c'est se donner la possibilité d'être pleinement conscient du luxe d'être vivant.

La prochaine fois que, pendant un apéro, vos amis se lancent dans une discussion sur un possible scénario dramatique, ne restez pas silencieux, utilisez les bons tuyaux d'Épicure, et, au lieu d'aller vous planquer, recentrez la discussion sur tout ce qui vous a comblé de bonheur cette semaine.

Épicure en quelques lignes
(342-270 av. J.-C.)

Né à Samos, en 342 av. J.-C., le jeune Épicure est encore adolescent quand il commence à faire de la philosophie en réaction à un de ses profs n'ayant pas correctement répondu à ses questions sur le chaos. Fort de cette petite tendance à la rébellion, il se forme en autodidacte et étudie en menant une vie frugale, obsédé par l'idée de ne manger que l'essentiel. On est très loin de la déglingue du bon vivant. À trente-cinq ans, il s'installe définitivement à Athènes. Il y achète un jardin, qu'il transforme en centre d'études. Professeur adoré et réclamé, il travaille activement, avec ses disciples, sur la physique, et l'idée que tout ce qui nous arrive ne vient certainement pas des dieux, mais des atomes qui tombent et s'agencent d'une certaine manière. Auteur prolixe, il aurait écrit plus de 300 œuvres, dont il ne nous reste qu'une mince correspondance. On sait que son éthique repose sur une seule grande idée, celle de réduire nos craintes et de faire de la tranquillité le terreau d'une vie heureuse. Un programme qui fera date et fondera un courant de pensée à l'influence considérable.

Le livre anti-crise

Lettre à Ménécée

Véritable guide pratique sur le bonheur, Épicure adresse une lettre à son jeune disciple qui devient le plus célèbre résumé de sa doctrine. Il se veut pédagogue et délivre une méthode, dont les principes sont toujours d'actualité.

Philo Rescue

- La sagesse est une attitude à avoir au quotidien, pas seulement un truc réservé aux grands penseurs.
- Ce qui nous empêche d'être heureux, ce sont nos peurs. Or, souvent, elles ne sont pas fondées.
- Le bonheur, c'est se recentrer sur les choses simples autour de nous, les apprécier et savoir se réjouir du fait qu'on existe.

Speed dating avec Platon

Ou les vertiges de l'amour

Les palpitations cardiaques, les picotements dans le ventre, les pensées qui divaguent devant l'ordinateur, les promesses impromettables, les nuits dépourvues de sommeil, les yeux rivés sur le téléphone, vérifiant qu'aucun texto ne s'est encore affiché sur l'écran, etc. Cette panoplie sentimentale, vous l'avez revêtue tant de fois, de rencontres en rendez-vous, sans jamais affaiblir votre conviction. Votre vie a des allures de comédie romantique, le *happy ending* en moins, l'indécision des scénaristes en plus. Certains disent que vous faites partie de ces êtres amoureux de l'amour. D'autres affirment que vous êtes insupportablement incasable, par un surplus d'exigence ou par un déficit de qualités personnelles. Disons que tout dépend de l'affection que vous porte l'interlocuteur. Chacun y va de son commentaire, expliquant que vous êtes en quête d'un illusoire Prince charmant, que vous êtes incapable d'accepter la réalité, ou que vous passez trop temps avec vos parents. Vous écoutez, n'osant jamais exprimer qu'aucune de ces pistes n'est réellement valable. Car ce qui vous chavire, vous le savez. Ce qui vous tient debout de déceptions en déconvenues, de *speed dating* en rencard programmé, c'est bien l'espérance. Vous êtes dopée à la croyance qu'un jour, la bonne personne, celle prête à vous combler, se trouvera en face de vous. La lumière dans la nuit. Votre énergie prend source dans les possibles contenus dans chaque entrevue, dans ce « et si ? » qui vous donne envie de découvrir l'autre, et, surtout, de vous imaginer ensemble pour le reste de votre vie.

C'est avec cette impulsion que vous vous êtes rendue à ce rendez-vous, programmé en quelques messages tournés pudiquement. L'heureux élu, puisé dans le vivier des célibataires que met à disposition votre entourage empathique, pour ne pas dire pris de pitié, répond à une configuration désormais habituelle, en étant l'ami d'un ami d'un obscur cousin. Évidemment, votre préparation ne laisse rien au hasard, vous pensez à votre tenue autant qu'aux sujets de discussion potentiels. Vous peaufinez votre propos, comme on prépare un entretien d'embauche, espérant un peu plus que l'obtention d'un job de stagiaire. Cette petite comédie vous fait sourire. Vous regardez avec tendresse la manière qu'on a de se mettre en scène, dans ces moments où l'on découvre l'autre, où l'on est habité par la curiosité. Le contrôle de ses gestes, la sublimation de ses propos, et la douce tendance à travestir la réalité, racontant qu'on est quasiment champion de ski, alors qu'au fond, on flippe sur une piste bleue. Vous le dévisagez. Vous pensez au mécanisme de la séduction, à l'envie de faire naître dans le regard de l'autre l'émerveillement joyeux de celui qui déballe un cadeau. Vous ralentissez le pas à l'approche du rendez-vous, savourant les quelques minutes avant la confrontation, avant que le mystère ne devienne quelqu'un de chair, d'os et de sentiments.

Et puis, enfin, l'impact, la bise. Un peu mal à l'aise, gênée par ce contact entre deux peaux qui ne se connaissent pas plus que leurs propriétaires, vous vous asseyez, un peu gauche, enchaînant des rires dignes d'une série idiote. Vous choisissez une consommation aux consonances sexy, même si elle vous donne la nausée. Vous bredouillez de vagues mots sur le décor, vous extasiant sur l'originalité des murs, sinistrement beiges. Intérieurement, vous êtes en train de prier afin que la magie opère, et que les fées du coup de foudre vous rendent pertinente. Vous calmez votre esprit. Vous vous concentrez pour détecter des points de ressemblance entre vous, pour trouver les éléments qui feraient de lui votre future moitié, votre évidence, celui à côté duquel vous ne pouvez pas passer.

Vous êtes à l'affût de ses paroles. Mais le risque, lorsqu'on fixe son attention, c'est qu'elle nous rend plus vigilants concernant un ensemble de choses qu'on aurait préféré ne pas remarquer. Ainsi, malgré l'excitation, vous finissez par admettre que l'usage répété d'un même terme, s'appelle tout simplement un tic verbal, et que cela est très agaçant. Vous percevez que ne poser aucune question, alors qu'on ignore tout de quelqu'un, peut être considéré comme une forme aiguë d'égocentrisme. Cependant, vous vous voulez indulgente, estimant que la timidité fait parfois commettre des indélicatesses. Mais, au bout de trois heures, après l'avoir écouté raconter en détail une sombre histoire de championnat de boomerang, vous êtes excédée. Vous reprenez un cocktail pour vous donner la force de tenir. Bien que feignant d'être intéressée, à grand renfort de « Ah oui ? Oh waouh, c'est incroyable ! », vous n'en pouvez plus. Vous n'avez clairement rien en commun. Votre rêve de couple se transforme en dépit. La seule moitié que vous voulez former avec lui, c'est pour partager l'addition.

Vous avez beau être habituée, vous êtes soudain emplie d'une immense lassitude, vous demandant si tout cela en vaut bien la peine. Vous n'êtes pas loin de rendre les armes, ou plutôt de les retourner contre Aphrodite, Cupidon, et tout ce que l'amour compte de représentants. Vos amis ont sans doute raison, vous êtes ridicule, noyée dans votre romantisme puéril. Mais, sur le chemin du retour, alors que tout semble vous conduire au monastère des âmes solitaires, vous sentez malgré tout qu'une étrange lueur s'agite encore en vous, et cela n'est pas uniquement dû à vos cocktails. Comment expliquer qu'après un échec aussi cuisant, vous soyez encore en train d'espérer qu'au prochain coin de rue, vous allez tomber nez à nez sur votre futur bien-aimé ? Êtes-vous complètement stupide de continuer à y croire ? Vous avez besoin de quelques explications pour vous rassurer.

Et il dit quoi Platon de tout ça ?

Difficile d'imaginer que quelqu'un, dont le nom est autant associé à l'amour platonique débarrassé de ses errances sensuelles, puisse nous aider à légitimer des passions d'un soir et nos tentatives de couples. Pourtant, Platon nous livre un récit libérateur, qui fait de la quête de l'amour une ambition plus que légitime.

Dans son livre, *Le Banquet*, le philosophe place le décor de son dialogue au sein d'un repas animé, réunissant huit figures de la haute société grecque. C'est donc en plein repas que s'engage une réflexion sur les relations amoureuses et l'amour. À travers les mots du poète Aristophane, l'auditoire apprend de quelle façon vivaient les hommes dans des temps très anciens. Il raconte qu'autrefois, il existait trois sortes d'êtres humains. Les hommes, les femmes, et les androgynes. Tous étaient des êtres sphériques pourvus de quatre bras, quatre jambes et deux sexes qui évoluaient dans le bonheur total, comblés par leur complétude.

Enorgueilli par cette sensation de perfection, et n'éprouvant aucun manque, ces étranges boules voulurent se rendre dans le ciel, afin de concurrencer les dieux, voire même de prendre leur place. En les voyant escalader son royaume, Zeus rentra dans une énorme colère. Sa crise de rage le conduisit d'abord, en guise de représailles, à vouloir anéantir totalement la race humaine. Mais, pensant qu'il n'y aurait plus personne pour lui rendre hommage si les hommes disparaissaient, il décida plutôt de les couper en deux, conservant, deux bras, deux jambes et un sexe pour chaque côté. Il demanda ensuite à Apollon, Dieu de la beauté, de retourner leur visage, de coudre le ventre et le nombril du côté de la déchirure, afin qu'ils soient un peu plus présentables, et que leurs cicatrices leur rappellent qu'il ne faut pas être trop prétentieux. Dès lors, finies les boules puissantes, roulant sur leur arrogance. Les êtres primitifs se retrouvaient plus nombreux, mais ils étaient aussi terriblement affaiblis, et surtout désemparés par l'absence de leur moitié. Le mythe mis en relief par Platon s'achève sur l'image de ces êtres, désormais condamnés à errer à la recherche de leur âme sœur.

Cette moitié de sphère en quête de réunification, c'est bien nous lorsque nous attendons de faire une rencontre amoureuse. Pour Platon, c'est de cette époque lointaine que date, chez les individus, l'implantation de l'amour. Dans le mythe d'Aristophane, il s'agit bien plus que d'un sentiment, ou un élan romantique, il est question d'une sensation qui nous fait nous sentir « pleins ». Avec le mythe d'Aristophane, Platon veut nous faire comprendre que l'*éros*, l'amour en grec, est cette force qui rassemble les parties de notre antique nature, qui de deux êtres tente de n'en faire qu'un seul, atténuant notre désespoir d'avoir été séparés. Chacun d'entre nous est la moitié complémentaire d'un autre. C'est parce que ce désir de plénitude est inscrit en nous, qu'on ne cesse de courir après et qu'aucun échec ne peut anéantir l'espoir d'y parvenir. Tant qu'on n'aura pas trouvé cette âme sœur, nous continuerons à la poursuivre, de sites de rencontres en mariages de copains, qu'importe l'endroit, nos efforts se concentreront sur la quête de cette moitié égarée, quitte à tester, errer, et, bien sûr, se tromper. Vous pouvez parfois être abattu, mais toujours envahi par ce merveilleux désir de trouver celui qui, femme ou homme, vous donnera la sensation d'être enfin reconstitué, en paix avec vous-même.

La prochaine fois que votre obscur cousin veut vous présenter quelqu'un, ne vous sentez pas stupide si vous plongez dans l'enthousiasme et n'écoutez pas vos amis. Au contraire, préparez vos bonnes répliques ainsi que votre plus belle tenue. Et souvenez-vous que c'est dans cet espoir invincible que se loge la possibilité de retrouver ce que nous avons perdu. Vous n'êtes pas ridicule, mais juste platonicien.

Platon en quelques lignes
(427-348 av. J.-C.)

Né à Athènes, en 427 av. J.-C., Platon reçoit un cursus à la hauteur de son origine sociale, plutôt aristocratique. Disciple de Socrate, il décide de rédiger des dialogues mettant constamment en scène son maître à penser, qui, de son côté, refusait d'écrire. Cette forme particulière de philosophie lui paraît propice à la réflexion du lecteur, obligé de prendre à bras-le-corps les questions qui lui sont proposées d'une manière presque interactive, et surtout très dynamique. Tous les sujets y ont été abordés, de la politique à l'amour, à travers de nombreux mythes, montrant souvent la distinction entre le monde sensible, composé des choses que nous voyons, et le monde des Idées. Séjournant en Sicile, sous le règne de Denys Ier, il finit par fuir les habitudes de la cour. Il embarque sur un bateau, et, pris dans une tempête, il fait une escale à Égine où il se retrouve vendu comme esclave, puis libéré grâce à un ami. Platon fonda une école, l'*Académie*, dans laquelle Aristote fit ses classes, et devint un inconditionnel de la philosophie.

Le livre anti-crise
Le Banquet

Au cours d'un grand repas, Socrate et les autres convives décident de prendre la parole tour à tour pour essayer de définir ce qu'est l'Amour.

Philo Rescue

- L'amour est le sentiment que l'on ressent quand on trouve notre moitié, c'est-à-dire la personne qui nous fait sentir entier et apaisé.
- Le désir est ce qui permet de mener cette recherche de l'âme sœur.
- L'espérance n'est pas vaine, c'est elle qui permet de ne pas renoncer et de continuer à chercher la personne qui nous correspond.

Pascal la fin tout le monde meurt

Ou apprendre à botoxer le Temps

D'aussi loin que vous vous en souvenez, vous n'avez jamais été à l'heure, toujours trop en retard ou en avance. Vous vous sentiez maître du temps, l'accélérant ou le ralentissant à votre guise, selon vos besoins. Quand vous entendiez les gens autour de vous évoquer, avec angoisse, les années qui passent et les stigmates de l'âge, vous n'étiez pas concerné. Vous n'aviez pas peur de vieillir, car dans ce domaine-là aussi, vous pensiez être en contrôle. Vous auriez des cheveux blancs quand vous l'aurez décidé, ce n'était pas au programme. Vous portiez d'ailleurs les mêmes baskets qu'à vos quinze ans, vous sortiez dans des endroits toujours plus cool, et votre jeunesse était éternelle.

Vous aviez donc su garder une parfaite contenance quand, à la réception de l'hôtel où vous étiez descendu pour travailler, vous aviez apposé vos initiales dans la case « date », plutôt que dans celle destinée à votre « signature » sur le formulaire de *check-in*. Une erreur d'étourderie, provoquée par le stress professionnel du séjour. La semaine suivante, vous aviez mis sur le compte de la police de caractères, franchement peu compréhensible, votre impossibilité à lire les sous-titres de ce merveilleux film lituanien. Quelques semaines plus tard, vous étiez allé consulter votre médecin quand vous n'aviez pas reconnu votre ami vous faisant signe sur le trottoir d'en face. Le surmenage sans doute. Vous n'étiez pas inquiet, mais légèrement étonné par cette succession d'infimes défaillances. Le rappel qu'il fallait réserver un week-end de relaxation dans votre agenda. Vous verriez ça plus tard, pour l'instant, il fallait enchaîner, car là, vous étiez trop occupé.

Et puis, un matin, la vérité s'était imposée, sidérante de cruauté. Assis à votre bureau, vous n'arriviez vraiment plus à lire vos mails. Votre vue, qui avait pourtant toujours été digne de celle d'un pilote de ligne, vous emmenait directement vers le crash. Vous n'en pouviez plus de chercher des prétextes, aussi divers que variés, pour camoufler l'impensable évidence : vous alliez devoir porter des lunettes car votre vision, avec les années, avait eu l'indécence de baisser. Vous étiez abasourdi. Vous sortiez du déni. Comment une chose pareille pouvait-elle vous arriver ? Vous vous souveniez de vos parents, oubliant sans cesse les leurs sur les tables basses ou dans la boîte à gants, vous demandant, l'air las, de lire le menu à leur place. Vous songiez aussi à votre institutrice, à l'école primaire, jugée un peu trop sévère à votre goût, suffisamment du moins pour prendre un malin plaisir à lui planquer ses extensions oculaires. Tout cela ne pouvait pas être de votre âge. Vous étiez encore quasiment adolescent.

Bien sûr, la vérité étant trop insupportable, vous aviez vite envisagé de porter des lentilles, camouflage socialement accepté et psychiquement tolérable. Vous aviez testé, tentant de vous faire à l'idée, traumatisante, de vous mettre un doigt dans les yeux tous les matins. Mais vous aviez finalement fait une allergie, comprenant, de toute façon, que le vertige ne résidait pas dans la monture, mais bien dans l'idée que vos yeux avaient désormais besoin d'une prothèse. Conclusion, vous vous étiez résolu à vous rendre chez l'opticien, avec la sensation qu'il allait vous proposer un contrat obsèques. Quelque chose vous clouait sur place. Ces lunettes vous dépossédaient de votre pouvoir, elles vous offraient une vue sur votre incapacité à gérer votre agenda intime, vous qui aviez toujours surfé sur les âges de la vie en définissant votre propre rythme. Le temps vous trahissait, il filait en douce.

Depuis, vous n'êtes plus à l'aise dans vos baskets, même si le modèle n'a pas changé. Cette extension sur votre nez vous force à contempler l'étendue des années qui viennent de se dérouler. À force d'être en retard, vous vous sentez désormais en avance sur votre déclin sans même que vous ayez pu l'anticiper. Vous qui aviez toujours été impatient, vous voulez ralentir ce temps que vous ne savez plus dompter. Soudain, vous vous sentez vieux, faible et défaillant. Vous vous êtes mis à scruter les moindres rides, observant avec l'attention d'un géologue l'ensemble des fissures à la surface de votre peau. Vous ne voulez plus sortir de chez vous, le passé vous rend nostalgique, l'avenir ne semble plus prometteur, et vous ne comprenez plus rien au film. Qu'est-ce qu'il vous est arrivé ? Est-ce que le temps est en train de se venger d'avoir trop joué avec lui ? Il faut clairement que quelqu'un remette vos pendules à l'heure.

Et il dit quoi Pascal de tout ça ?

À dix-neuf ans, Blaise Pascal inventait une machine à calculer, capable d'additionner et de soustraire, en jouant simplement avec la précision de ses engrenages. Alors, forcément, il n'est pas très complexe pour lui de remplacer les chiffres par les années, et de nous aider à voir un peu plus clair dans notre livre de comptes personnel. Car, dans ses *Pensées*, le rapport que l'homme entretient avec le temps tient une place de choix.

Son constat est sans appel, les hommes n'habitent pas le moment présent. Nous parvenons à nous rappeler le passé ou à bâtir un plan de conquête pour l'avenir, mais on déserte l'instant actuel avec une facilité déconcertante, comme si vivre le présent était vraiment destiné à ceux qui n'ont rien à faire. Dès lors, nous passons nos journées à être en retard ou à être en avance. Nous ne sommes jamais dans le ton, inaptes à considérer la durée telle qu'elle est, mais pleurant quand une ride ou un besoin de lunettes viennent nous rappeler qu'il faudrait la savourer.

Afin de rectifier cette tendance, il faut avant tout comprendre ce qui nous afflige à ce point. Pourquoi voulons-nous autant fuir le moment présent ? Le philosophe français démonte nos mécanismes internes espérant trouver quel est le grain de sable qui vient s'infiltrer dans nos rouages.

En premier lieu, Pascal va chercher du côté du désir. En fait, nous voulons tant vivre des choses incroyables, nous plaçons une si vive espérance dans la plupart de nos projets, que lorsqu'ils se réalisent, ils nous semblent souvent très décevants par rapport à l'intensité de notre envie. Exactement comme lorsqu'on prépare une surprise, pendant des mois, et qu'au bout du compte, elle n'est pas à la hauteur de ce qu'on avait imaginé. Le moment présent nous laisse un peu de côté, avec une impression de frustration. Pour la supporter, on préfère s'agiter en pensant à de nouvelles perspectives, et en créant une illusion de divertissement permanent. On accélère la cadence, on se précipite vers l'avant, loin de ce présent qui nous désappointe. On accélère notre quotidien pour ne pas trop nous attarder sur sa médiocrité et notre désir meurtri. L'idée est de redevenir acteur de notre destin.

Ici, on rejette le présent parce qu'on le trouve décevant, mais Pascal présente un autre cas de figure, tout aussi courant que le premier. C'est lorsqu'on trouve que le moment vécu est trop beau, trop parfait, que la surprise est idéalement réussie. Trop peut-être, car quand le désir est comblé, il est tout aussi complexe à éprouver que le désir blessé. Pascal souligne combien la nature humaine est capricieuse. Quand tout va bien, nous voudrions immobiliser ce bonheur, cette plénitude, sauf que comme cela nous est impossible, nous sommes rongés par cette idée, et, au lieu de profiter, nous vivons dans l'inquiétude permanente du temps qui file. On ne parvient pas à jouir de notre vie heureuse, parce qu'on se sent impuissant face au sablier, et qu'on connaît déjà la fin de l'histoire.

En somme, on est perpétuellement contrarié. Le temps présent, qu'il soit décevant ou beau, devient la source de toute notre détresse. Le problème est qu'une telle attitude nous conduit à ne plus avoir aucun point d'ancrage dans la réalité. On ne sait plus qui on est, ce qu'on vit et quel âge on a. Sans repères ni conscience des étapes qui composent notre existence, une paire de lunettes devient un rappel, un marqueur plutôt déplaisant et particulièrement angoissant de cette réalité immédiate qu'on voulait fuir. Alors que faire ? Accepter de se noyer dans l'hyperactivité ou préparer ses funérailles ? Heureusement, Pascal a une autre option.

Ce qu'il y a d'appréciable avec le temps, c'est qu'il passe, mais qu'il reste le même. On n'est donc jamais trop en retard pour changer notre attitude envers lui, et c'est exactement ce que Pascal propose. Puisque tout le monde finit par mourir, rien ne sert de se débattre, mettons plutôt toute notre énergie dans nos actions immédiates. Nous ne maîtrisons pas le temps, mais nous maîtrisons notre manière de l'habiter. Nous ne pouvons pas éviter de porter des lunettes, mais nous pouvons affronter ce que nous vivons. Par exemple, si le moment présent est décevant, et bien soit, rendons-le plus excitant. À l'inverse, s'il est trop heureux, arrêtons-nous un instant pour le contempler, laissons cette joie se diffuser en nous. Vieillir, c'est justement être capable de nous ajuster, accepter de ne pas avoir d'emprise sur la durée, mais d'en avoir sur nos actes. En fin de compte, c'est réaliser qu'il est temps de faire faire un *lifting* au moment présent plutôt qu'à nous-mêmes, et d'injecter du *botox* dans ses failles. Alors, ne soyez pas désespéré, au contraire, mettez vos lunettes, choisissez une jolie monture, car vous êtes enfin prêt à quitter le flou pour contempler, en pleine netteté, les merveilleux contours de la réalité.

Pascal en quelques lignes
(1623-1662)

Né en 1623, à Clermont-Ferrand, Pascal est ce qu'on appelle un enfant doué. Stimulé par son père, il touche à tout, notamment aux sciences naturelles et aux maths, qui deviendront sa passion ultime avant de plonger dans le christianisme. Inventeur de machine à calculer, précurseur dans le domaine des probabilités, c'est à trente ans que tous ces chiffres lui montent à la tête et qu'il traverse une profonde crise mystique, accompagnée de visions. Cet épisode le conduit à se concentrer sur la religion et à entamer sa réflexion philosophique avec l'idée que l'homme est un personnage très sombre, et qu'il ne peut trouver de paix intérieure et le véritable bonheur qu'en renouant avec Dieu. Sa santé étant très fragile, il dut vivre avec une souffrance permanente, ce qui le ralentit constamment dans l'écriture. Ses deux principaux ouvrages seront finalement publiés peu de temps après sa mort, aussi précoce que le fut son intelligence.

Le livre anti-crise
Pensées

Privé d'un sentiment religieux, l'homme passe son temps à se divertir pour oublier que sa vie est triste, alors qu'au contraire, c'est en prenant le chemin de la spiritualité qu'on s'apaise et qu'on emprunte le chemin du bonheur.

Philo Rescue

- On ne parvient pas à vivre le temps présent, soit par crainte d'être déçu, soit par crainte qu'il file trop vite et, du coup, le temps passe sans qu'on s'en aperçoive.
- Le présent ne doit pas nous faire peur, car c'est ici que nous vivons notre vie.
- Vieillir est une bonne nouvelle car, avec l'âge, on apprend à devenir acteur de l'instant présent et à en profiter.

Un Levinas mieux qu'un Xanax

Ou Crise d'ado versus crise d'Autrui

Vous l'aviez précieusement gardé dans un coin de votre tiroir. Le genre de talisman sur lequel on retombe en cherchant un Post-it dans son bureau. À chaque fois, vous preniez le temps de vous arrêter dessus, l'œil frissonnant de tendresse, caressant la lanière découpée à la va-vite, et contemplant le plastique comme une toile de cinéma sur laquelle seraient projetées des images du passé. Ce bracelet de naissance ne vous rendait pas nostalgique, il vous renvoyait juste à une autre époque, celle où vos jours se déroulaient sous l'entêtante mélodie des tours de manège, et où les chagrins n'étaient que des glaces au chocolat tombées par terre ou des doudous égarés.

Vous aviez toujours adoré les enfants. Avant même d'en avoir, vous étiez le premier à vous réjouir d'une partie de Monopoly à leurs côtés, et le dernier à leur dire de sortir de la piscine. Vous aviez parcouru des dizaines de livres sur la pédagogie, prenant des positions passionnées concernant l'utilisation des écrans et des jeux vidéo. Vous étiez le parent à la fois sympa et responsable, qu'on admire à la sortie de l'école, celui qui les emmène faire du skate, et qui reste intransigeant sur la politesse. Vous acclamiez tous leurs spectacles donnés au pied du lit, le soir au moment de se coucher. Souvent, ils étaient aussi étonnants que si Céline Dion avait pris du LSD avant de rentrer sur scène, mais vos encouragements demeuraient intacts. Vous n'aviez jamais regardé votre montre, ni bâillé en racontant une histoire. Vous étiez devenu spécialiste en goûter d'anniversaire, expert en activités extra-scolaires, et technicien en cabanes de jardin. Bref, l'enfance était votre royaume, et vos chères têtes blondes des sujets agréables et dociles.

Les années s'étaient enchaînées aussi rapidement que les tendances de jeux dans la cour de récré, et vous apparaissiez, aux yeux de tous, comme un conseiller en parentalité apaisée. Pour vous, les enfants n'étaient pas des monstres capricieux que l'on décrivait souvent, mais des individus adorables et faciles à contenter. Malgré le fait que vous alliez un peu moins les chercher à la sortie de leur établissement, le lien vous semblait intact. Tout juste si votre progéniture avait émis deux ou trois doutes à propos de votre tenue un peu trop « jeune » à son goût. Vous vous sentiez à l'abri du conflit générationnel qu'on décortique dans les émissions de télé.

Ce soir-là, c'est donc avec une certaine perplexité, teintée d'une légère incrédulité, que vous avez franchi le seuil de votre appartement. Vous avez beau être fatigué par votre voyage, vous remarquez que quelque chose cloche dans votre cuisine. Avez-vous été cambriolé ? Vous êtes-vous trompé d'appartement ? Votre regard méthodique collecte des preuves et tente de dresser une narration cohérente, un fil qui permettrait de saisir pourquoi une chaussette traîne sur le plan de travail en marbre, posée à côté d'une bouteille de ketchup partiellement renversée, d'un sèche-cheveux encore branché, d'un paquet de chips goût crème et oignon, et d'une pile de photos prises au Polaroid. L'évier est rempli d'un amoncellement de vaisselle sale. Quant au canapé du salon, il semble s'être transformé en penderie. Vous êtes toujours plongé dans votre questionnement quand, soudain, vous voyez surgir un individu d'environ un mètre soixante-douze, vous demandant, sur un ton assez éloigné de la communication bienveillante : « Mais pourquoi t'es rentré si tôt ? Et pourquoi t'as planqué mon chargeur de téléphone ? T'en as pas un peu marre de me gâcher la vie ? » Qui est cette personne ? Qu'est-il arrivé au petit trésor qui mettait des cagoules avec des oreilles de panda ? À quel moment avez-vous perdu le fil ? Vous êtes désormais parent d'un adolescent. Combien de temps a duré votre séminaire au pays du déni ?

En parent attentif, vous avez lu des choses sur les ados, sur leur besoin de liberté et d'opposition, vous avez admis que le principe de l'enfance était de grandir. Vous avez même commencé à communiquer en langage SMS, utilisant des licornes multicolores afin d'exprimer votre contentement. Mais ici, ce processus vous échappe, il prend l'ampleur d'une tornade à laquelle ne correspond aucun *smiley*. Car selon vous, ce n'est pas un enfant qui se trouve dans votre appartement, ni un adolescent en crise hormonale, c'est, tout simplement, un étranger. Un inconnu complet dont le dialecte se compose de « tu me saoules », entrecoupé par des « mouais » prononcés la tête enfouie sous les coussins du canapé. Vous ne le comprenez absolument plus.

Depuis que vous avez admis la situation, vous êtes sous le choc. Le conseiller parental que vous étiez songe à s'inscrire au chômage. Vous observez l'ado qui traîne dans votre appartement, de la même manière qu'un anthropologue découvrant une tribu d'Amazonie. Vous n'avez aucune idée de la façon de rentrer en relation avec lui, l'échange de rues au Monopoly ne suffisant clairement plus à devenir complices. Vous tentez de suivre ses tendances vestimentaires et idéologiques, essayant de vous raccrocher à un univers que vous pourriez partager. Mais à peine avez-vous saisi que porter un jogging trois fois trop grand est une décision consciente, et non une erreur de taille, qu'il passe déjà à d'autres références, préférant déchirer ses slims neufs, pourtant repassés avec amour, et ne porter que des tee-shirts estampillés « *No Future* ».

Vous aviez voulu lutter contre les clichés, mais votre petit ange est devenu un diable, une énigme impossible à résoudre. Et alors qu'il vient de vous annoncer que vous êtes le pire parent de la galaxie et que vous lui foutez trop la honte, vous hésitez entre l'étrangler avec son bracelet de naissance ou adopter vous aussi un tee-shirt

« *No Future* », car dans ces conditions l'avenir de vos relations vous semble plutôt compromis.

Et il dit quoi Levinas de tout ça ?

Il est peu probable qu'Emmanuel Levinas ait un jour été un ado rebelle, pensant que ses parents étaient d'immenses ringards dénués de toute capacité d'indulgence. Pourtant, ses réflexions sur la morale semblent particulièrement adaptées à la situation, car l'ambition de sa pensée est bien de se demander quelle attitude adopter face à des individus qu'on ne comprend plus. Et, au sein de ce registre, les adolescents demeurent les champions toutes catégories.

Tout au long de son œuvre, Levinas tire un même fil, un concept incontournable dans son travail, celui de l'*Autre*. Par ce terme, à la fois très courant, et chez lui, si profondément philosophique, il qualifie la personne qui est en face de nous, et qui a l'idée de ne pas être comme nous. L'*Autre* est celui dont on n'arrive pas à deviner les pensées, celui qui nous énerve car il nous échappe, celui qu'on adore détester, celui qui nous contredit, bref, celui qui est *différent* de nous, tout simplement parce qu'il n'est pas nous. Cet *Autre* peut tour à tour désigner nos parents, notre conjoint, un type dans le métro, notre patron, la voisine d'en face, mais aussi, et d'une façon encore plus pertinente, l'adolescent qui vit dans notre appartement.

Levinas exprime tout le paradoxe de nos relations avec une lucidité caractéristique de sa philosophie. Cet *Autre* nous est insupportable. Il ne réagit jamais comme on le souhaiterait, il n'a pas les mêmes goûts, il nous semble étrange aussi bien qu'étranger, et pourtant, c'est bien ceci le plus surprenant, on cherche sans cesse sa présence. Nous sommes fascinés par l'*Autre*, et plutôt que l'indifférence qui serait une réponse efficace à notre agacement, on réclame au contraire qu'il ne soit jamais loin. On veut à tout prix saisir son fonctionnement, on rôde, on tourne autour, et on relève des indices sur sa personne avec une précision toujours plus grande.

Appliquée à l'ado, la justesse de cette contradiction prend toute sa dimension. Au lieu de le laisser nous maudire en jouant aux jeux vidéo, une main sur la manette et l'autre sur son téléphone, confiant quant au fait que ses hormones finiront par se réguler, on passe notre temps à être après lui, paralysé à l'idée que la chair de notre chair ne soit pas identique à nous. Sauf qu'apprendre son langage, essayer d'apprécier sa musique, ou, à l'inverse, nous agiter pour lui faire découvrir notre amour de la lecture, rien n'y fait. Aucune action, aucune activité, aucune connaissance, aucun livre ne peuvent effacer cette difficulté relationnelle. L'*Autre* demeure une énigme insondable, qui en plus nous regarde avec mépris. Et c'est tant mieux.

Car c'est là qu'intervient le remède de Levinas. Il fait de cette impasse une véritable fête qui donne un avenir à la relation. C'est parce que l'*Autre* n'a rien à voir avec nous qu'il est passionnant, et, au fond, qu'il donne un sens à notre propre vie. C'est justement parce que le regarder provoque des réactions dans notre esprit et dans notre corps qu'il est si essentiel. On ne comprend pas l'*Autre*, c'est vrai, mais on apprend à se connaître en le regardant, en constatant, ce qui, chez lui, nous fait réagir. Notre « *je* » se dessine à travers le visage, les yeux, et la parole, de cet étranger dont le comportement nous intrigue, nous démange, nous échappe. Finalement, c'est en observant notre ado et son désordre, qu'on découvre des choses sur nous. Si nous étions tout seuls, on gagnerait certes en tranquillité, et en rangement dans l'appartement, mais nous n'aurions pas la chance d'évoluer, de réfléchir, de nous dépasser.

Au bout du compte, l'*Autre* nous passionne tellement, qu'on est prêt à mettre notre énervement de côté pour prendre soin de lui. Comme si, justement, sa différence faisait jaillir en nous une incroyable sympathie et un sentiment aigu de responsabilité. En somme, ainsi que le souligne Levinas, une éthique. Alors, bien sûr, même fatigué par le langage en onomatopées proféré par notre ado quasi endormi, on continuera de s'assurer qu'il est bien rentré de sa fête chez des copains dont il vous a interdit d'avoir le numéro, et on vérifiera que sa couette sent l'assouplissant comme quand il était bébé.

À travers les adolescents, nous faisons la radicale expérience de l'altérité. Pas besoin de les comprendre pour s'en sentir fatalement responsable. Mais cela est valable pour l'ensemble de nos relations. Peu importent les crises, l'ingratitude et les changements, l'exigence est la même : se présenter à l'*Autre* comme étant là pour lui, même dans l'asymétrie, même si parfois, on a vraiment l'impression qu'on n'est pas récompensé pour cela. Et puis, à force d'empathie et d'amour, dans un futur heureux, il finira bien par jouer à nouveau au Monopoly avec vous.

Levinas en quelques lignes

(1906-1995)

Né en Lituanie, en 1906, Emmanuel Levinas reçoit une éducation plutôt influencée par la religion juive. De celle-ci, il gardera un grand amour pour les questions et les raisonnements, bien plus que pour les réponses. Durant son exil en Ukraine, il découvre avec passion la littérature russe, et Dostoïevski conservera une place de choix dans sa pensée. C'est en 1923 qu'il débute des études de philosophie à Strasbourg, jonglant entre chaque langue pour en saisir la particularité. Après un passage en Allemagne où il rencontre Heidegger, il est naturalisé français en 1930 et s'installe à Paris pour quelques années, avant d'être mobilisé et fait prisonnier de guerre dans un camp allemand cinq années durant. Il restera bouleversé par cette traversée au plus profond de la souffrance humaine, mais, après 1945, cela lui donnera l'occasion d'affirmer encore plus fort la nécessité de tendre la main vers l'*Autre*, de faire reposer la morale sur l'absence d'indifférence. Sa philosophie est une éthique altruiste où chacun d'entre nous doit se sentir responsable de l'*Autre*. Cette position inédite dans la philosophie contemporaine fera de lui un philosophe majeur, même bien après sa mort en 1995.

Le livre anti-crise
Totalité et Infini

C'est en 1963 que Levinas finit par publier sa thèse, rédigée quelques années auparavant. Dans une langue exigeante, reposant parfois sur des tournures de phrases hasardeuses, il explique que c'est seulement à travers autrui qu'on peut trouver l'infini. Mais, surtout, il dénonce avec une intensité rare en philosophie l'absurdité de la haine, et évoque l'importance de regarder l'*Autre*, d'en prendre soin, même s'il nous est étranger.

Philo Rescue

- Les autres nous paraissent toujours étrangers, encore plus les ados, simplement parce qu'ils ne fonctionnent pas comme nous.
- C'est parce que les autres sont différents qu'ils nous apprennent des choses sur nous.
- La morale, c'est être capable de s'occuper de nos ados avec empathie et d'en être responsables, même s'ils ne nous donnent rien en retour.

Les croquettes d'Heidegger

Ou survivre à la Mort de son chien

Vous vous étiez retrouvé là presque par hasard, juste pour accompagner votre ami. Comme dans les histoires où l'on va soutenir son copain qui passe un casting et où finalement le réalisateur nous choisit pour le premier rôle. Car c'est bien de cela qu'il s'agit, il vous avait désigné, ne vous laissant aucune échappatoire possible. Au détour d'une cage sordide, dans cet obscur chenil, ses grands yeux noirs avaient été des revolvers. Il vous avait fait le coup du regard qui tue. Les pattes un peu appuyées vers l'arrière, il n'attendait que vous, exprimant déjà son irrépressible fidélité. Pourtant, vous aviez toujours dit que vous ne vouliez pas de chien. Vous n'étiez pas là pour ça. Vous étiez trop conscient qu'avec un animal, plus encore que sa présence, c'est la contrainte permanente qui allait vous tenir compagnie. Mais ce matin-là, malgré toutes vos réticences, vous n'aviez pas eu d'autre choix, il devait habiter vos bras et venir léchouiller votre quotidien. Vous étiez rentré chez vous, sans bien comprendre ce qu'impliquait la présence de ce trésor emmitouflé dans une couverture. À votre famille, un peu interloquée, vous aviez expliqué qu'il n'était là que pour quelques semaines, sachant parfaitement que ces « quelques semaines » allaient durer toute la vie.

Vous l'aviez rencontré une année en « G ». Sans écouter les conseils de votre entourage, qui vous proposait des noms dont le ridicule était, selon vous, une insulte à la race canine, vous aviez décidé de le nommer « Gustave-Johnson ». Un patronyme un poil pompeux qui, vous l'espériez, lui assurerait une pleine dignité dans son royaume, c'est-à-dire chez vous. En un rien de temps, il avait envahi chaque centimètre carré de votre appartement. C'est sur ces bases, entrecoupées de quelques coups de langue affectueusement agrémentés de salive, que vous aviez entamé votre chemin commun.

Gustave-Johnson avait su habilement endosser le rôle de partenaire, apportant sa touche singulière et odorante à chaque moment. Le matin, c'est au rythme de sa respiration appuyée que vous ouvriez l'œil, toujours surpris par l'asymétrie de vos souplesses. Lui, se roulant frénétiquement sur votre lit, sa tête proche de sa queue, et vous tentant modestement de vous mettre assis. Il vous suivait pendant vos promenades à vélo et durant vos baignades d'été, avec l'air fougueux du sportif qui n'en a jamais assez. Souvent, il agitait ses oreilles, mettant en avant sa fonction d'interlocuteur privilégié, dont la qualité d'écoute vous ravissait, tant il semblait comprendre vos plus douloureux dilemmes. Dans de nombreuses circonstances, il avait été un allié de choc, son besoin de sorties très régulières vous ayant permis d'échapper, en vrac, aux déjeuners trop longs, aux conversations gênantes, ou au travail à rendre. Il était un prétexte indétrônable, attirant les sympathies, les clins d'œil et les *likes* sur son propre compte *Instagram* où vous mettiez en scène ses facéties.

Bien sûr, vous n'aviez pas dissous toutes les contraintes. L'une des tâches que vous détestiez le plus était sans doute de le sortir de l'aube jusqu'à la nuit tombée, et ce quelle que soit la météo. Par temps de pluie, l'odeur de fourrure mouillée de son panier, mêlée aux effluves de croquettes vous donnait envie de javelliser l'ensemble de votre habitat. Vivre avec lui vous avait permis de perfectionner votre sens de la négociation, vous qui passiez les étés à assurer aux hôteliers que, bien entendu, votre chien était parfaitement élevé, prenant un air de parent mi-contrit, mi-interloqué, quand on vous montrait des traces de pattes boueuses sur la moquette beige des couloirs. Vous étiez même allé jusqu'à vous ridiculiser, traversant la ville du nord au sud afin de retrouver son doudou préféré, égaré sur une aire d'autoroute. Au fond, il vous avait souvent donné envie de hurler, tant ses maladresses rompaient la précieuse harmonie de votre salon. Vous le menaciez de rupture à intervalles réguliers. Mais il vous était indispensable.

Et puis, un matin d'automne, alors que vous attendiez qu'il vienne mettre des acariens sur vos draps soyeux, il a tardé bien plus que d'habitude. Vous l'avez retrouvé recroquevillé dans ce fichu panier. Son oreille amorphe retournée d'un côté, et son regard si vif devenu soudain un abîme de lassitude. Le vétérinaire, autant que son indifférence à l'égard des croquettes, avait rapidement livré un verdict sans appel. Gustave-Johnson était irrémédiablement malade. Vous avez refusé d'entendre la nouvelle, confiant dans l'énergie de votre acolyte, persuadé qu'il était avec vous pour la vie. Le diagnostic était forcément trompeur. Vous avez couru chez plusieurs spécialistes, testant des traitements aussi fous que votre déni. Mais votre espoir n'a pas suffi à le guérir. Et, aujourd'hui, malgré votre détermination sans faille, vos supercheries pour lui faire avaler des médicaments cachés dans des boulettes de pâté, et vos nuits consumées à traîner sur des forums animaliers, il vous a quitté. Plus de truffe humide, plus de couinements, plus de regards agités pour vous déconcentrer. Votre appartement affiche un vide insupportable. La mort de votre chien, votre allié, vous laisse seul face au vertige d'un néant sans jappement.

Et il dit quoi Heidegger de tout ça ?

Heidegger dont la pensée est profondément marquée par le souci, l'angoisse, et la question de l'être, n'est pas franchement dans l'ambiance croquettes. Au contraire, l'une des forces de sa réflexion est bien de montrer que nous passons une bonne partie de notre vie à nous perdre dans la banalité quotidienne, la futilité et le bavardage. C'est à partir de ce constat qu'Heidegger va nous aider à remettre de l'ordre dans notre réalité et nous permettre de retrouver de l'authenticité et du sens, même à travers des événements aussi traumatisants que la mort de notre chien.

Car justement, au sein de sa philosophie, la mort a une place de choix. La perte de notre animal nous donne l'occasion d'aborder sa leçon. Ce qu'il nous offre, c'est la possibilité de transformer notre chagrin en opportunité afin de mieux appréhender notre personne et de comprendre vers quoi se dirige notre existence. Mais pour cela, encore faut-il accepter de regarder la mort en face. Or, ce qui tracasse Heidegger, c'est que, dans l'opinion commune, la mort est un accident courant, un événement ordinaire, une chose dont il n'est pas nécessaire de parler puisque, de toute façon, ça nous arrivera à tous. Mieux vaut se concentrer sur l'inutile, le futile, que s'attarder sur notre fin à venir, vu qu'on ne peut rien y faire. Tant que la mort n'est qu'un concept lointain, un indéterminé à l'échéance complètement floue, ou une tête de mort sur un pull un peu rock, il est facile de la dévier. Elle ne nous concerne qu'à distance. On meurt, mais ce « on » n'est personne en particulier. Nous pouvons poursuivre nos impératifs familiaux, professionnels et sociaux, sans même frissonner, et demeurer ainsi dans notre pleine insouciance.

Oui mais voilà, face au panier vide de notre chien, ce « on » qui nous était si indifférent prend un tout autre visage. La mort devient absence de câlins et de tendresse. Il est impossible de se soustraire de sa vue. Elle nous frappe violemment, nous sort de l'emprise de l'insignifiance.

Et, finalement, c'est à ce moment-là, lorsqu'on ne peut plus esquiver la disparition, qu'on éprouve le plus ce qu'Heidegger nomme le *Dasein*, c'est-à-dire notre être. Un mot étrange pour parler de notre personne, de ce qui nous rend unique. Loin de n'être qu'une tragédie, cette mort qui surgit dans notre appartement est le point de départ d'une vie plus authentique, qui cesse de se noyer dans mille activités, dans des soucis qui n'en sont pas, où nous serions tourmentés par de fausses contraintes, allant des traces sur la moquette beige aux carottes en plastique.

Pour Heidegger, notre *Dasein* se découpe en de nombreuses facettes, notamment celle qui fait de nous des *êtres-pour-la-fin*. Encore une expression sophistiquée qui signifie que nous sommes des individus destinés à mourir. Mais attention, même si cela n'est pas très joyeux, Heidegger l'exprime sans connotation négative, il veut simplement montrer que la mort fait partie de notre réalité humaine. En essayant d'échapper à cette fin et de la masquer par notre indifférence, nous voulons fuir notre propre nature. Refuser de penser la mort, c'est refuser l'angoisse fondamentale qui nous caractérise, celle qui dit que la vie s'arrêtera un jour. L'accepter et apprendre à la penser, à travers la mort de notre chien, c'est au contraire se comprendre soi-même, redonner à notre quotidien son sens authentique, admettre que notre fin est inéluctable, et qu'elle est ainsi le noyau même de la vie. Dès qu'un homme naît, il est assez vieux pour mourir. C'est valable pour les humains comme les canins.

La vie authentique chez Heidegger est celle qui se sait promise à la mort, et, malgré tout, l'accepte honnêtement. Prendre conscience de la perte, l'accepter avec courage et lucidité, c'est ce qui nous permet d'accéder à un quotidien sincère, au-delà des banalités, et de l'inessentiel. Alors même si, face à la disparition de notre fidèle ami, le désir est grand de rester lové dans son lit, chérissant ses balles à picots, et faisant tout pour que la peine passe, résistons à la tentation du déni. La mort de notre animal nous donne l'occasion de prendre notre courage à deux pattes et d'affronter le manque dans toute sa cruauté. Et puis après tout, *Dasein*, c'est aussi un bon nom pour votre prochain chien, n'est-ce pas ?

Heidegger en quelques lignes
(1889-1976)

Né à Messkirch, petite ville d'Allemagne en 1889, Martin Heidegger grandit dans une famille très catholique, et, dès son adolescence, dévore aussi bien des ouvrages de théologie que des textes d'Aristote. Déterminé à devenir prêtre, il abandonne finalement ce projet, poussé par l'idée que la religion est incompatible avec la philosophie. En 1916, il devient l'assistant personnel du philosophe Edmund Husserl avec qui il partage sa passion pour la phénoménologie. Il l'admire mais s'en éloigne rapidement. En 1923, il est nommé professeur à l'université de Marbourg. Il exerce une profonde influence sur la plupart de ses étudiants, qui deviendront, eux aussi, des penseurs de premier plan dont Hannah Arendt, Leo Strauss et Hans Jonas. La plupart de ses travaux cherchent à savoir ce que c'est qu'être, ce qui fait notre existence. Les années 1930 sont sombres politiquement, mais très riches philosophiquement, laissant à la postérité une image aussi sulfureuse qu'incontournable pour la métaphysique.

Le livre anti-crise
Être et Temps

Publié en 1927, c'est une référence de la métaphysique contemporaine, malgré un langage très difficile à comprendre. Heidegger y mène une exploration sans précédent de la signification de l'être et une analyse du temps qui passe comme un outil pour le comprendre.

Philo Rescue

- On perd le sens de notre vie en ne pensant qu'à des choses futiles.
- Chaque individu est un *Dasein*, c'est-à-dire un être unique.
- Prendre conscience de la mort n'est pas déprimant, mais, au contraire, permet de donner un sens à sa vie et d'en profiter au lieu de s'encombrer de choses inutiles.

Kant tu te fais larguer

Ou la Raison divorce de la Passion

16 h 24. Vous trépignez d'impatience. Comme à l'époque du lycée, où certains cours vous semblaient interminables, où le temps s'engluait dans les minutes, caramélisait dans les secondes. Voilà plus de dix jours que vous ne l'avez pas vu. Vous avez dû partir en vacances chacun de votre côté. Depuis le début de votre histoire, c'est votre premier voyage dépourvu l'un de l'autre. Dix jours, pendant lesquels vous avez compilé des souvenirs qui n'ont de sens que parce qu'ils seront partagés. L'être aimé vous manque terriblement et vous allez enfin le retrouver. Cette perspective vous rend déraisonnable, vous vous sentez à la fois fragile et impatiente, traînant dans votre appartement, appelant des amis avec la simple ambition d'occuper vos pensées, et rangeant frénétiquement votre placard en espérant passer le temps. Votre attention est aussi agitée que celle d'un enfant au cœur d'un parc d'attractions. Vous êtes incapable de vous concentrer, inapte à penser à autre chose qu'à vos retrouvailles.

À 17 heures, ne supportant plus d'attendre, vous décidez d'aller à votre rendez-vous à pied. Vous arpentez le trottoir pendant que votre esprit repense aux mois de passion fiévreuse que vous venez de vivre. Vos nuits écourtées, vos fugues du bureau pour passer un moment ensemble, vos rires à n'en plus finir, et vos dîners en tête à tête rendraient presque austère la plus romantique des comédies, tant vos liens dégoulinent de *love story*. Vous vivez dans un cliché, facile à critiquer, mais si plaisant à vivre. Vos proches vous reprochent votre absence, votre perte de lucidité, les réticences qu'ils ont à vous voir happée par cette relation. Vos parents trouvent que cela va un peu trop vite. Vos amis critiquent les manies de votre homme et insistent sur son mauvais caractère. Ils vous mettent en garde contre un comportement qu'ils jugent souvent inapproprié et vulgaire. Votre sœur tente de prouver qu'il abuse de vous. Mais vous êtes convaincue que cela n'est qu'une manifestation de leur aigreur, de leur jalousie, ou, au mieux, un manque d'habitude de vous voir en couple. Vous niez en bloc, aveuglée par sa beauté, son humour, son charme redoutable. Peu importe ce que les gens disent, vous êtes prête à le suivre partout, même dans ses passions les plus obscures, au-delà de votre morale et de vos habitudes, car, avec lui, vous vous sentez plus puissante que jamais. Au fond, vous l'admettez sans difficulté, vous êtes terrassée par l'ouragan amoureux, par cette tempête en vous, mais vous êtes persuadée que l'individu qui n'est pour l'instant qu'un désordre météorologique va devenir votre moitié, pour le meilleur et pour le pire.

Vous arrivez au lieu de rencontre. En avance, forcément. Mais l'impact se rapproche enfin. Vous êtes ravie de vous retrouver dans ce café à la déco cosy, propice aux rendez-vous intimes. Vous ne cessez d'imaginer ces premières minutes où vous serez précieusement réunis, ces moments de vie où vont se confondre le soulagement, le désir et l'excitation. Instants bénis où l'agitation fera battre le cœur plus intensément que du cardio-training. Vous avez préparé votre tenue, suffisamment nonchalante pour ne pas paraître ridiculement apprêtée, mais résolument soignée pour ne pas manquer d'être renversante. Même le serveur semble soudain complice de votre bonheur. Rien ne peut altérer votre confiance en l'avenir. Et puis, enfin, au loin, vous le voyez se frayer un chemin parmi les consommateurs. Le sourire béat, trop heureuse pour remarquer sa mine défaite, vous êtes prête à bondir pour lui sauter au cou, façon Julia Roberts.

Mais, à quelques centimètres de la table, vous comprenez qu'il n'a pas spécialement envie d'incarner Richard Gere. La fatigue, sans doute. On trouve les prétextes que l'on peut quand le cœur chavire. Premier pincement, petit électrochoc provoqué par la déception. Mais ce n'est rien comparé à la suite. Au lieu d'un ballet de baisers, vous vous retrouvez face à une immense froideur. Quelques mots flous, conjuguant en vrac le doute, l'indifférence et l'impossibilité de l'engagement. « Ce n'est pas toi, c'est moi », à croire que le langage des ruptures est aussi banal que celui des coups de foudre. Ce qui devait être une comédie romantique se transforme en tragédie.

Les gens autour de vous sont des spectateurs compatissants et gênés. Votre moitié décide de vous planter là et se lève sans même régler l'addition. Le bien-aimé est parti faire sa vie ailleurs. Vous êtes sous le choc, anéantie par la scène que vous venez de vivre. Vous guettez un demi-tour possible, tant la douche froide vous semble glacée. Mais non, il faut vous rendre à l'évidence : il s'est bel et bien tiré sans se retourner. Votre homme vous laisse célibataire, l'âme non plus agitée par l'attente, mais par la tristesse et l'incompréhension.

À 18 h 30, vous êtes dévastée. Finie la passion, vous voilà clouée au sol, le cœur lourd et les yeux mouillés. Vous êtes abasourdie, détachée de vous-même, et vous avez l'impression d'avoir vécu ces derniers mois une vaste supercherie. Comment a-t-il pu changer d'avis si rapidement ? De quelle teneur était sa sincérité ? Vous ne pouvez pas appeler vos proches, trop heureux de faire triompher leur intuition. Vous ne savez pas quoi faire, ni quoi penser, si ce n'est qu'il va vous falloir une vodka glacée ainsi qu'une parole solide pour vous aider à prendre du recul et vous dépassionner.

Et il dit quoi Kant de tout ça ?

Aux vertiges de l'amour, Emmanuel Kant ne connaissait sans doute pas grand-chose. Sa vie n'était pas franchement propice au tumulte. Ses journées étaient toutes identiques, uniquement consacrées à la méditation et à l'enseignement.

Aucun événement ni désordre amoureux ne pouvaient troubler cette existence purement intellectuelle. Le quotidien du philosophe était entièrement tourné vers la raison et son usage. Et c'est bien en s'inspirant de cette constance qu'on va pouvoir apaiser notre chagrin et éviter qu'une passion destructrice ne revienne nous assaillir.

Le mérite de la pensée kantienne est qu'elle ne se contente pas d'opposer raison et passion. Bien que valorisant l'une pour condamner l'autre, ce que le philosophe nous dévoile, ce sont leurs mécanismes respectifs. D'un côté, Kant définit la raison comme tout ce qui ne vient pas de l'expérience vécue, mais de la réflexion. C'est-à-dire qu'on n'a pas besoin d'être confronté à une chose, de la vivre, de la toucher ou de la sentir, pour être capable de la penser. La raison est un phare, un pouvoir d'analyse, de recul, de déduction, qui nous permet d'acquérir des connaissances et d'agir d'une façon mesurée. La passion, elle, est un sentiment qu'aucun propos, ni aucune action ne parviennent à maîtriser. Elle est une disposition de l'esprit sur laquelle la raison n'a aucune prise. Chez Kant, ce n'est pas une simple émotion, mais rien de moins qu'une maladie de l'âme, le terme est volontairement fort. Et c'est bien cette passion, gangrène de l'esprit, qui s'exprime à travers l'agitation amoureuse, faite d'attente, d'impatience, et d'idéalisation. Notre raison se dissout sous cette fièvre, nous faisant perdre toutes nos facultés de discernement, nous isolant de la réalité.

Dans son *Anthropologie,* Kant franchit une étape supplémentaire. Plus encore que définir la passion, il dévoile les risques que l'on encourt en y cédant. Il affirme que l'amour passionnel est dangereux, car il mène irrésistiblement à l'accomplissement d'actes moralement condamnables. Mais comment relie-t-il passion et immoralité ? Le lien entre les deux est simple à construire. La passion empêche toute réflexion. Quand on est amoureux, nous ne sommes plus en mesure d'écouter notre raison profonde, et encore moins nos parents ou nos amis. Nous n'arrivons plus à comparer, juger, mesurer, choisir, affronter, questionner. Nous sommes pris au cœur de cette tempête, comptant frénétiquement les minutes qui nous séparent de l'être aimé, fragilisés dès que l'autre est absent et ne peut alimenter ce feu. Nous sommes happés par cette fougue. C'est ainsi que nous sommes dépossédés des outils nécessaires à l'exercice de la morale, car, dans la philosophie de Kant, la loi morale a précisément pour socle la raison. Être moral, c'est agir de telle façon que notre action puisse être établie universellement. En somme, avant d'exécuter quelque chose, il faut se demander si notre acte sera bon pour tous. Pour cela, il faut être capable de mettre en œuvre sa raison, et pas uniquement d'écouter son cœur battre au son des baisers et des déclarations. La raison et la moralité sont liées, perdre l'une, c'est aussi renoncer à l'autre.

Mais ce n'est pas tout. Sous le coup de la passion, non seulement on peut commettre des actes immoraux, mais on restreint aussi sa liberté. En étant incapable de raisonner et de prendre du recul, on oublie ce qui est bon pour nous. On se retrouve attaché à quelqu'un sans même avoir eu la possibilité de se demander s'il nous faisait du bien. La passion nous rend esclave de quelque chose d'extérieur à nous, sur lequel nous ne pouvons rien. Kant insiste en expliquant qu'on se laisse berner par un sentiment qui ne repose sur rien de stable, car, une fois le désir assouvi, la relation installée, la passion s'évanouit, et on prend le risque de se retrouver pleurant seul à notre table de café. La passion implique un vertige, une perte de soi dans l'autre, cette mise à distance de notre raison est inconcevable pour le philosophe.

Cependant, bien qu'il nous engage à rompre avec la passion, Kant ne nous incite pas pour autant à le rejoindre dans un éternel célibat. Au contraire, en distinguant la passion de l'amour, il nous soumet une magnifique consolation. Si la passion est fausse, maladive, et éphémère, l'amour véritable, c'est-à-dire la construction d'une relation raisonnée et durable, n'est pas à craindre. Celui qui aime peut rester clairvoyant, et appuyer son sentiment sur sa volonté, plutôt que sur une illusion. Le vécu est moins mouvementé, mais plus solide. Confondre les deux, et renoncer à l'amour pour ne pas souffrir, c'est se priver de ce miracle d'accorder sa raison et son cœur. Alors, plutôt qu'être un pantin servile malmené par la passion, séchez vos larmes, retrouvez vos facultés d'esprit, et abandonnez vos clichés cinématographiques. Aux vertiges de la passion, préférez la quête de l'amour, le voyage sera plus beau, plus durable, et encore plus fort qu'une vodka glacée.

Kant en quelques lignes
(1724-1804)

Né à Königsberg, en 1724, Emmanuel Kant est le quatrième enfant d'une lignée de onze. Grandissant dans un milieu modeste, très pieux, il ne quittera jamais sa région natale. C'est en 1740, à l'Université, qu'il s'intéresse à la physique de Newton, et découvre avec fascination la possibilité de faire une science a priori, c'est-à-dire sans passer par l'expérience. Figure incontournable des Lumières allemandes, il est l'un des premiers philosophes à enseigner à la Faculté. Connu pour avoir chaque jour un emploi du temps strictement identique, il n'a aucune vie de famille, ni rencontre sentimentale. Il donne de nombreux cours et consacre le reste de son temps à son travail philosophique, se questionnant sur la morale, l'esthétique et la politique. Il met onze ans à rédiger son œuvre la plus célèbre, *Critique de la raison pure*, publié en 1781, qui montre pourquoi la métaphysique ne peut pas constituer une vraie connaissance. En 1804, il meurt dans sa ville de naissance prononçant comme derniers mots : « C'est bien. » Son importance pour la philosophie demeure, aujourd'hui encore, considérable.

Le livre anti-crise
Anthropologie d'un point de vue pragmatique

Certainement pas l'œuvre la plus célèbre de Kant, mais une série de cours publiés en 1798 et qui décortiquent des domaines aussi divers que l'anthropologie, les mathématiques ou encore la physique. Le philosophe analyse l'homme sous tous ses aspects, y compris l'amour.

Philo Rescue

- La passion nous fait perdre nos facultés de raisonnements. Elle nous fragilise, car on ne parvient plus à réfléchir.
- La passion nous prive de notre moralité et de notre liberté. Notre raison n'arrive plus à s'affirmer, on ne fait que penser à l'autre, sans penser à soi.
- Il faut distinguer amour et passion. Si la passion conduit à la souffrance, l'amour, lui, est plus stable et plus durable. Il repose sur la raison qui est le socle de notre personne.

Bergson lance sa start-up

Ou le Travail comme création de soi

Ça y est, vous l'avez enfin fait. En ce vendredi de septembre, alors que d'autres avaient docilement posé un jour de congé, profitant d'une liberté conditionnelle, vous aviez sauté le pas, et rendu votre badge. D'un geste théâtral destiné à marquer votre postérité dans le palmarès des films de vidéo-surveillance, vous aviez abandonné votre sésame, témoin de vos douze années en tant que salarié. Vous aviez jeté le rectangle en plastique devant le comptoir du guichet d'accueil, sans même penser qu'il vous restait de la marge sur votre crédit photocopie. Vous vous sentiez délivré. Vous aviez su quitter l'entreprise avant que ses contraintes aient raison de vous, et de votre santé mentale. Balayés, les briefings à 8 h 15 du matin. Atomisées, les présentations *PowerPoint* simplifiant la pensée. Terminé, le téléphone planqué sous la table, et vos notifications *Facebook* consultées en cachette. Plus jamais vous n'auriez à subir le néant verbal de la machine à café, ni les pâtes trop cuites de la cantine. Vous viviez le luxe inestimable de quitter votre job avec pour seul motif de départ votre volonté d'une vie meilleure. Vous alliez devenir votre propre patron, et faire de vos futures cartes de visite le signe extérieur de votre richesse d'esprit.

Cette décision était un affranchissement total. Le goût de l'évidence et de l'émancipation. En remballant vos dernières affaires, dans cet espace anonyme, c'est un regard de tendresse, et presque d'empathie, que vous aviez posé sur vos collègues. Tellement ringarde, la vie d'employé. À vous le *friday-wear* dès le lundi, le granola bio partagé dans les espaces de *coworking,* les week-ends en pleine semaine, et la grandiose possibilité de travailler où et quand vous le souhaitez. La *star-up life* : besoin de rien, juste envie d'une connexion 4G. Vous aviez créé votre boîte, heureux de pouvoir enfin concilier votre nature profonde avec votre activité professionnelle. Vous étiez excité à l'idée de passer vos soirées à *brainstormer* et à sentir l'effervescence permanente. Vous comptiez faire de votre salon un havre d'intelligence et de *success-story*, supprimant du même coup l'horrible case transports. Vos actes revêtaient un sens que vous aviez longtemps cherché. Vous vous sentiez maître de votre destin et de l'orientation stratégique de vos activités. Vos parents vous félicitaient malgré leurs craintes, vos amis vous enviaient, et vos conquêtes admiraient votre âme d'empereur. Les premiers temps, riche de cet élan de confiance, des ailes poussaient sous votre veste en jean. Peaufiner les couleurs de votre site Internet était devenu votre hobby favori, et votre créativité ne se heurtait plus aux limites d'un organigramme poussiéreux. À chaque rencontre, vous chantiez les louanges de l'entrepreunariat.

C'est seulement au bout de six mois d'idylle entre vous et vos nouvelles conditions de travail que d'étranges manies se sont infiltrées dans la *coolitude* de votre canapé. Vous aviez commencé par vérifier frénétiquement vos mails, d'une manière quasi obsessionnelle. Même en plein dîner, votre œil gauche lorgnait sur votre smartphone et votre main était prête à bondir à la moindre réception d'un message de votre clientèle. Vous vouliez être rapide et exemplaire, découvrant, avec stupeur, que la pression qu'on s'inflige à soi-même est bien plus terrible que celle d'un supérieur. Soucieux de votre image de marque, vous répondiez, en personne, à l'intégralité des commentaires mentionnant vos produits sur des réseaux sociaux. Vos nuits s'écoulaient dans les bras d'*Instagram* où vous comptiez les *likes* à la place des moutons.

Vous étiez entré dans l'ère de la sollicitation permanente. À vos proches qui trouvaient vos yeux un peu rouges, vous prétextiez l'adrénaline qui joue sur l'afflux sanguin. Votre dimanche matin, habituellement paisible, était désormais consacré à des conférences téléphoniques avec vos fournisseurs étrangers. Ils évoquaient les lois du marché financier, tandis que la nostalgie vous ramenait au temps où le terme « marché » n'était rien d'autre que le royaume du chou et des carottes choisis avec soin. Et si vous vantiez toujours le confort d'une tenue décontractée, la réalité était surtout que vous n'aviez plus une minute pour vous habiller, ni penser à l'essentiel.

Votre vie était devenue un contrat 24 h/24, avec une clause spéciale aléas et déconvenues. Pris dans le tourbillon de votre ascension et de votre engagement, vous aviez fini par trouver normal de faire de la comptabilité les jours fériés, de taper dans votre assurance-vie pour vous verser quelques miettes de salaire, et de parler statuts de société la tête posée sur l'oreiller. Être débordé devenait un état permanent. Mais c'est en expliquant à votre voisin de palier que les vacances étaient un truc de fainéants sans ambition, que vous aviez réalisé que le problème était sérieux et qu'il était urgent de se poser. De *star-upper* cool et détendu, vous êtiez devenu un zombie monomaniaque voulant tout contrôler. Vous n'aviez même plus de patron à qui faire porter la responsabilité de votre comportement. Créer c'est bien, mais être au bout du rouleau, ça l'est moins. Vous voilà maintenant éreinté, rêvant de spaghetti bolo à la cantine, de conventions en costume cravate et d'horaires fixes. Le temps file et vous êtes dépassé. Il vous faut rapidement un *briefing* convaincant sur les avantages de l'indépendance sans quoi vous allez brûler votre carte de visite et pointer à Pôle emploi.

Et il dit quoi Bergson de tout ça ?

Henri Bergson était sans doute un peu trop guindé pour être adepte du *casual day*. En revanche, comme Marcel Proust, son cousin par alliance, le temps est son domaine. Car la première chose qui vous échappe ici, c'est bien lui. Il vous faut un peu de temps, de patience et de pensée, pour vous permettre de retrouver l'étincelle, en contemplant un succès que vous ne devez qu'à vous-même. Cette perte de confiance envers votre réussite ne s'explique qu'à travers une perte de vision. Si vous êtes épuisé, ce n'est pas seulement par la charge de travail, c'est parce que vous avez dissous votre élan, débordé par les centaines de tâches quotidiennes. On est loin du glamour conquérant. Pas de panique, Bergson va vous aider à vous remémorer vos frissons du début.

Son aide débute par une réflexion au sujet de l'effort. Ce moment incontournable par lequel on doit tous passer pour réussir. Cette étape cruciale qui transforme les apprentis en experts, et les jeunes premiers en guerriers. L'effort d'expliquer, de répéter, de supporter, d'attendre. Mais surtout, les efforts qui nous poussent à franchir tous les obstacles. Bergson nous met à l'aise en expliquant ouvertement que le travail est pénible et usant. Cependant, loin de s'arrêter à ce constat négatif, il ajoute que c'est bien pour cela qu'il est infiniment précieux. Plus précieux encore que la réussite, les compliments, ou le nombre de commentaires élogieux. Et s'il l'est autant, c'est parce que grâce au travail, on s'est haussé au-dessus de nous-mêmes, on est allé chercher dans cet espace qu'on croyait inatteignable, on a tiré de soi des ressources insoupçonnées. Or, ce dépassement n'aurait pas été possible sans la résistance, sans les imprévus, sans les galères. Sortir de sa zone de confort, quel que soit le domaine, ce n'est pas envoyer promener les choses qui nous ennuient, ni s'opposer à un ordre établi, ni même fantasmer devant un métier socialement plus coté, mais c'est être capable d'éprouver notre force, et de garder une détermination suffisamment nette pour ne jamais cesser de l'intensifier, malgré les aléas. Et cela, quitte à essuyer deux-trois tempêtes et nuits blanches sur le clavier. Au bout du compte, même si le manque de vacances vous donne un léger goût de frustration, à force de patience, ce que vous ressentirez, c'est de la joie d'avoir triomphé, la preuve que la vie a gagné du terrain.

Mais Bergson n'est pas seulement un penseur pour *star-uppers* car il nous engage à percevoir la beauté des obstacles, et à ne pas sombrer quand on peine à remplir un énième papier administratif. Il l'est aussi parce qu'il vient compléter sa définition de l'effort, par un incroyable éloge de la création. Dépasser les embûches pour son patron est beaucoup moins fort que lorsque l'on est soi-même le maître à bord. En effet, si la joie finit toujours par l'emporter sur le reste, ce n'est pas parce qu'on souffre, et qu'on surmonte les difficultés. C'est aussi parce qu'on est profondément fier d'avoir travaillé afin de créer quelque chose, comme l'artiste qui a peint sa toile, la mère qui a mis des enfants au monde, le savant qui a découvert un concept. L'entrepreneur développant ses affaires n'est pas joyeux proportionnellement à l'argent qu'il gagne, ou à la notoriété qu'il acquiert. Richesse et considération entrent évidemment pour beaucoup dans la satisfaction qu'il ressent, mais ce qui prime, c'est l'ivresse d'avoir monté une entreprise, d'avoir appelé quelque chose à la vie en créant. C'est ici que réside pour Bergson la raison d'être de notre quotidien, créer c'est-à-dire faire exister ce qui n'était pas.

En travaillant, on agrandit sa personnalité, on étire l'effort, on triomphe, et, au final, en plus de créer une société, on se crée soi-même car on façonne notre personnalité. Travailler, et plus encore bâtir sa propre activité, c'est engager cette création de soi par soi, et uniquement soi. Alors qu'importent les seize heures de travail journalier, les cernes, l'absence de salaire, de vacances, les échecs et les déconvenues, vous êtes en train de devenir quelqu'un d'autre, laissez-vous le temps de cette mutation, et la prochaine fois que vous avez des envies de spaghetti bolo, foncez vous en préparer dans votre propre cuisine, elles seront toujours meilleures que celles de la cantine.

Bergson en quelques lignes
(1859-1941)

Né à Paris, en 1859, dans une famille juive polonaise, Henri Bergson est élevé entre Londres, où il acquiert une parfaite maîtrise de l'anglais, et Paris, où il effectue de brillantes études et gagne le premier prix du concours général de mathématiques. Mais il est bien trop passionné par les sciences humaines pour plonger dans les chiffres et entre à l'École normale supérieure, en même temps qu'Émile Durkheim et Jean Jaurès. Il obtient l'agrégation de philosophie puis est nommé professeur de lycée à Angers, à Clermont-Ferrand, à Henri-IV à Paris, et enseigne par la suite au Collège de France. Son bilinguisme lui permet de devenir ami avec le philosophe américain William James, qui le fera connaître. Ses thèmes de prédilection sont la durée et l'importance de l'intuition qu'il distingue de l'intelligence. Il cherche à valoriser l'élan vital. Son élection à l'Académie des sciences morales et politiques marque son accès à la postérité philosophique. Ses œuvres obtenant un succès mondial.

Le livre anti-crise
L'Énergie spirituelle. Essai et conférence

Ensemble de textes publiés en 1919, les différentes conférences permettent de comprendre la manière dont travaille Bergson, en mélangeant des données scientifiques à une volonté constante de faire de la philo une matière tournée vers le mouvement, la création et la vie.

Philo Rescue

- L'effort est pénible mais nous permet d'atteindre la joie, c'est grâce à lui qu'on se dépasse.
- La création est la raison d'être de la vie. En créant, tous les efforts deviennent justifiés.
- En travaillant, on se crée soi-même, on se découvre, et ainsi on accède à son propre bonheur.

Wittgenstein, mes beaux-parents et moi

Ou Culture et Diversité

Avant même de rencontrer votre belle-famille, vous étiez prête à l'aimer. Les conflits autour des beaux-parents vous semblaient si convenus, si clichés, qu'il ne vous était jamais venu à l'idée de vous en embarrasser. Vous étiez profondément heureuse avec votre amoureux, et cela suffisait à vous donner envie d'apprécier toutes les sphères de sa vie. Alors, quand il vous a proposé de venir déjeuner chez ses parents avec l'ensemble de sa fratrie, vous vous êtes réjouie. Certaine de vivre un moment sympathique, et convaincue que cette étape était aussi nécessaire qu'importante dans la construction de votre relation.

Les jours précédant le fameux repas, vous étiez totalement sereine malgré les recommandations de votre ami. Ressentant de l'anxiété à la perspective de confronter deux mondes aussi précieux l'un que l'autre, il ne cessait de vous livrer des conseils sur le meilleur comportement à adopter afin d'accélérer votre intégration. Vous les mettiez de côté avec légèreté, sans réellement les écouter. Il faut dire que vous étiez confiante. Depuis votre plus jeune âge, on louait votre intelligence stratégique, fin mélange d'éducation, de séduction et de souci de l'autre. Alors, faire connaissance avec ceux qui allaient devenir des intimes n'avait rien d'une préparation au sommet, aucun stress ne gâchait l'horizon. Ainsi, c'est le cœur ouvert et l'enthousiasme palpable que vous avez franchi la porte de la maison familiale en ce dimanche d'été, impatiente d'admirer les photos d'enfance de votre moitié, et de partager mille anecdotes sur ses années lycée.

Mais, à peine parvenue sur le seuil, la fulgurance de votre première erreur ne fut pas sans rappeler l'efficacité d'un sprint aux Jeux olympiques. Vous êtes arrivée en dernier, juste le temps d'acheter un somptueux bouquet de fleurs, ignorant que l'enfant de votre belle-sœur venait de développer une redoutable allergie au pollen. Votre compagnon vous regarde avec déception, soulignant qu'il vous avait « pourtant prévenue ». Votre gaffe étant irrattrapable, vous vous confondez en excuses, gênée et prête à manger votre bouquet pour le faire disparaître. Fort heureusement, votre belle-mère s'empresse de le jeter à la poubelle, scellant ainsi votre arrivée ratée. L'esprit troublé, vous vous dirigez vers la table, espérant que le repas dissipe ce faux pas. C'était sans compter le fait que vous venez de vous asseoir à la place attitrée de votre beau-frère, celle qu'il occupe depuis son plus jeune âge, et qui lui est donc strictement réservée. Bien sûr, vous n'êtes pas supposée connaître ce plan de table implicite, mais cela apparaît si évident au reste de la famille que leur agacement ne manque pas d'être très explicite : « Mais enfin, ça ne va pas ? Tu sais bien que c'est SA chaise ! » Paralysée par vos maladresses, vous n'osez plus bouger. Vous préférez écouter les conversations dont vous ne comprenez pas un seul mot. Soudain, votre fiancé se met à demander, avec un vif intérêt, des nouvelles d'individus dont il n'a, jusqu'alors, jamais mentionné le nom devant vous, se réjouissant que l'un ait eu un bébé, l'autre un travail, et le dernier des vacances. Vous ne connaissez pas les usages de la maison, vous vous sentez mal à l'aise. Vous ne savez pas comment interpréter les curieux gestes de la grand-mère. Vous admettez que vous êtes inapte à déterminer si elle est en train de faire un AVC ou si elle demande juste une nouvelle part de gigot. Plongée au cœur d'un nouvel univers, un continent se dévoile sous vos yeux. Tout autour de vous devient énigmatique. Personne ne prend le temps d'ajouter des sous-titres à ces conversations dont les sujets vous échappent totalement. Les dates, les souvenirs, les plaisanteries virevoltent entre les convives, et ne vous évoquent rien. Tout va bien trop vite. Vous ne parlez pas le même langage. Votre amoureux devient tout à coup lointain, vous donnant presque l'impression de vous avoir mise de côté. Chaque référence mentionnée appartient à une autre vie, au sein de laquelle vous vous sentez comme une passagère clandestine.

Mais, plus délicat que cette immersion en terre inconnue, vous voici confrontée à vos différences éducatives. Ce grand écart culturel nécessite une souplesse à laquelle vous n'êtes pas préparée. Au dessert, vous n'avez pas d'autre solution que vous mordre la lèvre, en écoutant les propos politiques de votre beau-père, diamétralement opposés aux vôtres. Vous manquez de vous étouffer en dégustant votre part de gâteau, garnie à l'égocentrisme et la vulgarité du cousin germain, qui parle de ses excellents placements financiers et de ses nombreuses conquêtes. Sur le pas de la porte, alors que vous êtes brisée par les heures que vous venez de vivre, votre belle-mère vous serre froidement la main alors que vous lui tendez la joue, marquant un peu plus votre échec à rejoindre la famille. En embrassant longuement son fils adoré, elle prononce quelques mots, d'un air entendu, rappelant que, dans l'existence, on ne possède qu'un seul et unique foyer, celui de son enfance. Finalement, vous auriez peut-être dû vous préparer.

Vous voilà désormais de retour chez vous. Vous vous sentez écrasée par cette culture qui n'a rien de commun avec la vôtre et qui vous semble inconciliable. Votre confiance a laissé place à un profond défaitisme, et vous êtes terrifiée à l'idée de subir ce genre de déjeuner les soixante prochaines années. Vous qui auriez tant aimé que ses parents se contentent de vous montrer de vieux albums photos, vous hésitez désormais entre divorcer, sans même être mariée, espérer que votre fiancé devienne rapidement orphelin, ou le kidnapper pour partir vivre à l'autre bout du monde. Il est urgent de trouver un mode de communication et d'intégration.

Et il dit quoi Wittgenstein de tout ça ?

L'une des caractéristiques de Ludwig Wittgenstein, au-delà de son expertise en philosophie du langage, est bien d'avoir évolué dans des milieux si éclectiques au sein de tant de pays différents que le sentiment de ne pas saisir totalement les conversations autour de lui est quelque chose qui lui fut sans doute très familier. Cette impression d'errance, ces grands écarts culturels, menant à des silences, des maladresses, nous laissant ignorants de la bonne attitude à adopter, ou nous conduisant parfois à la fuite devinrent même l'objet d'un de ses ouvrages les plus importants. Mais loin de nous déprimer, en insistant sur le caractère irréconciliable de nos cultures, Wittgenstein nous livre plutôt un mode d'emploi très efficace, et nous offre les clés de notre future intégration.

C'est dans son livre, *Recherches philosophiques*, que le penseur autrichien fait le lien entre la culture et le langage. Si on se sent perdu quelque part, si on ne parvient pas à trouver du sens dans une culture, c'est précisément parce que nous ne saisissons ni les mots, ni les gestes des gens qui nous entourent. Car, pour Wittgenstein, ce qui distingue une culture d'une autre, ce n'est pas seulement un artisanat, ou des coutumes, c'est avant tout un langage, à la fois parlé et gestuel, qui a évolué en fonction d'une histoire et d'habitudes. En effet, chaque environnement culturel utilise un langage différent, avec ses spécificités, et ses usages. Mais, attention, la culture chez Wittgenstein n'évoque pas seulement un pays qui serait délimité géographiquement, mais bien « une forme de vie ». L'expression est devenue chez lui un concept incontournable. Il définit la forme de vie comme une organisation humaine, avec une configuration spécifique, qui répond à des codes très précis. De ce point de vue, la famille est bien une forme de vie, à nulle autre identique. Et toute notre existence est composée d'une multitude de formes de vie dans lesquelles nous évoluons quotidiennement, et dont il faut à chaque fois réapprendre le langage, sans quoi on risque de rester sur le côté, de ne pas s'intégrer, ou d'être incapable de faire la différence entre une demande de gigot et un AVC. On ne peut se représenter le langage en dehors d'une forme de vie. Si la forme de vie change, le langage qui l'accompagne change aussi. Les significations des mots et des gestes ne sont pas les mêmes selon la forme de vie dans laquelle on se trouve. Si, dans le métro, vous pouvez vous asseoir où vous le souhaitez, vous ne pouvez pas le faire dans une famille où les places ont été attribuées bien avant votre arrivée.

Rencontrer sa belle-famille, c'est franchir la frontière d'une nouvelle forme de vie. Et vous avez beau être parfaitement bien éduqué, cette famille n'est pas la vôtre, vous n'en connaissez donc pas le fonctionnement. C'est la même chose pour un groupe d'amis que vous venez de rejoindre, ou un nouvel emploi. Pour désigner cet apprentissage nécessaire lorsqu'on découvre une culture inédite, Wittgenstein parle même de

« jeu de langage ». Comme dans tout jeu que l'on débute, il faut acquérir les règles avant de participer. Ce n'est pas toujours simple et les règles sont plus ou moins insolites. Pour le maîtriser, un jeu de langage demande la compréhension d'un arrière-plan, des liens entre les gens, et aussi l'appropriation de connaissances spécifiques, comme savoir que votre beau-père n'est pas du même bord politique, ou qu'un bouquet de fleurs peut être rédhibitoire. Bref, il faut faire preuve de curiosité. Cela demande du temps et de l'attention. Cela demande surtout d'accepter un fonctionnement différent du sien, savoir se taire et observer. Chaque groupe humain possède un jeu de langage différent de tous les autres, il suffit d'en apprendre patiemment les règles pour vous intégrer et, au bout du compte, gagner en ouverture d'esprit. Vous verrez que si vous parlez la même langue et si vous en respectez les règles, votre belle-famille sera bien plus disposée à vous laisser jouer avec son fils.

Wittgenstein en quelques lignes
(1889-1951)

Né à Vienne en 1889, Ludwig Wittgenstein est le plus jeune des huit enfants d'une riche famille d'industriels. Musiciens et mécènes d'artistes aussi prestigieux que Brahms ou Mahler, ses parents l'initient très tôt à diverses disciplines culturelles. En 1906, Wittgenstein commence des études d'ingénieur à Manchester, avant de se diriger vers les mathématiques. Il étudie ensuite à Cambridge avec le philosophe Bertrand Russell. Il ne cesse de voyager, allant de l'Islande à la Norvège où il se fait construire une cabane. Il demeure persuadé que sa pensée se développera bien mieux loin de l'Université, et c'est là-bas qu'il rédige un ouvrage sur les fondements de la logique mathématiques. Parti combattre sur le front russe durant la Première Guerre mondiale, c'est en plein conflit qu'il écrit son livre de philosophie le plus célèbre, le *Tractatus logico-philosophicus*, cherchant à définir les limites du langage et de la philosophie. Fait prisonnier momentanément par les Italiens, il réussit à envoyer son manuscrit à Russell, qui œuvre pour sa publication, en 1922. Considérant que cet ouvrage résolvait définitivement les problèmes philosophiques qui pouvaient être posés, Wittgenstein cherche une nouvelle orientation. Il devient instituteur, aide-jardinier et architecte, en dessinant une maison pour sa sœur. Ce sont les philosophes du Cercle de Vienne qui, par leurs questionnements, le font revenir à la philosophie. Il obtient finalement un poste à Cambridge, en 1939. Son importance pour la philosophie analytique, ses recherches sur le sens, et sa vie iconoclaste en font une figure majeure de la pensée du XXe siècle.

Le livre anti-crise
Recherches philosophiques

Publiées à titre posthume en 1953, ses recherches posent, comme le *Tractatus logico-philosophicus*, la question du langage et de sa compréhension. Wittgenstein utilise de nombreuses expériences de pensée pour associer le lecteur à ses réflexions.

Philo Rescue

- La culture est avant tout l'utilisation d'un langage, avec ses spécificités.
- La culture n'est pas limitée à un pays. Chaque groupe humain possède une culture différente qui utilise un langage qui lui est propre.
- S'intégrer à un groupe, c'est réussir à apprendre le langage particulier que ce groupe utilise, qu'il s'agisse de mots ou de gestes.

Mill mercis pour ce cadeau

Ou marcher sur les œufs de la Vérité

Vous avez toujours adoré les anniversaires et, il faut bien le dire, le vôtre en particulier. Cette sensation d'être au centre de la fête, de se laisser prendre par l'effervescence d'une journée, organisée uniquement pour vous faire plaisir, et goûter le luxe d'avoir tous vos amis réunis auprès de vous. Aussitôt la date fatidique dépassée, vous vous réjouissez à l'idée de la prochaine échéance, trépignant onze mois durant. Mais ce qui retient le plus votre attention, et attise votre excitation, est sans nul doute les cadeaux. Ce n'est pas franchement que vous êtes matérialiste, c'est juste que les cadeaux symbolisent l'attention qu'on vous porte. Vous avez la sensation qu'à l'intérieur de chaque paquet se cache un mot d'amour, prenant la forme d'un objet qu'on a voulu le plus beau possible, tout cela dans la perspective de vous combler.

C'est donc avec une euphorie aux accents enfantins que vous avez attendu ce dîner, célébrant votre nouveau printemps. La cérémonie d'ouverture des cadeaux a traditionnellement lieu au dessert, permettant ainsi de faire un peu plus pétiller l'impatience. Les premiers cadeaux vous ravissent. Chacun évoque un aspect de votre vie, vous êtes émue de voir qu'ils ont été choisis avec autant de soin. Vous n'avez pas besoin d'efforts pour témoigner de votre enthousiasme. C'est avec cet élan que vous vous emparez du paquet suivant. Celui de votre meilleure amie, celle qui a toujours partagé vos secrets les plus intimes. Vous affichez un sourire radieux en plongeant les mains dans le sac, certaine de votre bonheur à venir. Quelle n'est pas votre stupeur en dépliant le pull devant vos yeux ! Vous êtes abasourdie. Votre visage se fige. Il faut se rendre à l'évidence, on vous a offert un cadeau moche. Pas seulement un peu moche, mais vraiment moche. Le genre de choses qu'on pourrait vous donner pour vous faire une plaisanterie. Couleurs criardes, coupe informe, matière propice aux démangeaisons. Que s'est-il passé ? Vous regardez vos convives, un rictus figé au centre de votre visage, incapable de prononcer autre chose que cette banale formule du « fallait pas... », pensant très fort à la suite que vous auriez voulu ajouter : « ... m'offrir un truc pareil. » Le pire est que votre amie ne semble pas du tout déstabilisée. Au contraire, elle se confond en soupirs pour dire combien elle a mis du temps à choisir, à quel point elle trouve que ce pull vous ressemble, tant il mélange harmonieusement la douceur et l'originalité. Vous êtes abasourdie. La dernière fois que vous avez été si déçue, c'était pour vos sept ans quand vos parents s'étaient trompés dans votre liste de Noël. Est-ce qu'elle vous connaît si mal que ça ? Vous vous sentez presque trahie. La symbolique

que vous avez espérée s'évanouit. Si les cadeaux représentent des mots d'amour, les siens sont plus proches de l'insulte. Ce cadeau est affreux. Vous hésitez entre pleurer de dépit ou utiliser les bougies du gâteau afin de brûler immédiatement cette horreur. C'est alors qu'elle vous regarde droit dans les yeux en vous demandant : « Alors, ça te plaît ? »

À cet instant, finis les réjouissances, le sautillement lié au plaisir d'être la reine de la fête, vous êtes propulsée au cœur d'un terrible dilemme. D'un côté, mentir, et faire semblant d'être ravie pour un présent qui vous fait penser à une serpillière et qui vous donne la sensation qu'on s'est moqué de vous. De l'autre, être honnête, dire la vérité, et risquer de blesser votre amie, de lui infliger une peine profonde en passant, de surcroît, pour une capricieuse jamais contente. Les minutes passent, et votre sourire est de moins en moins convaincant. Cédant à la pression de la tablée, vous vous reprenez en vous écriant : « J'adore ! Fallait pas ! » Puis vous enfoncez le clou, jurant qu'elle est tombée dans le mille : « Oh, je ne vais pas quitter cette merveille de sitôt, c'est tellement moi ! » Les festivités suivent leur cours, tout le monde trinque en votre honneur, mais, dans votre tête, seuls résonnent les tintements du mensonge éhonté que vous venez de livrer. Sans compter la perspective de devoir porter cet accoutrement au prochain dîner. Vous êtes bien embêtée.

Si vous n'êtes pas capable de dire la vérité à votre meilleure amie, sur quoi repose votre relation ? Mentir, n'est-ce pas rompre le lien de confiance qui a toujours été la règle entre vous ? Si vous ne pouvez pas affronter la réalité pour une histoire de cadeau, cela suppose que vous pouvez réciproquement vous cacher des choses bien plus graves. Finalement, cette idée vous donne bien plus la nausée qu'un pull de mauvais goût. Désormais rentrée dans votre appartement, vous hésitez à lui envoyer un texto, lui avouant en toute franchise que vous êtes déçue. Mais, au moment de presser sur la touche, vous imaginez sa tête recevant ce message. Vous résoudre à la peiner est au-dessus de vos forces, vous voulez à tout prix la préserver, elle qui a choisi ce cadeau avec tout son cœur. Vous vous couchez donc culpabilisée et fautive, très loin d'une humeur champagne, redoutant de devoir mentir à nouveau l'année prochaine.

Et il dit quoi Mill de tout ça ?

John Stuart Mill ne va certainement pas nous permettre d'échanger votre cadeau. En revanche, le philosophe, logicien et économiste britannique est un précieux allié afin d'établir dans quelles circonstances il est impératif ou non de dire la vérité. Cela peut nous donner l'occasion d'adopter une meilleure stratégie dans nos relations, en sachant mieux nous situer, entre souci de diplomatie et exigence d'honnêteté.

En 1863, dans un ouvrage nommé *L'Utilitarisme*, qui marquera le domaine de l'économie en posant les bases du capitalisme, John Stuart

Mill exprime sa position concernant l'importance de la vérité dans les rapports humains. Il se place du point de vue de l'utilité, c'est-à-dire qu'il cherche à savoir ce qui est le plus utile, le plus bénéfique, pour la majorité. Or, en formulant sa réponse, il ne peut être plus clair, et affirme avec vigueur que le mensonge sape la confiance. Mentir fragilise les paroles que les hommes échangent, cela rend les propos moins solides, puisqu'ils ne reposent pas sur la réalité. Par répercussion, cela implique également des relations plus précaires entre les individus. Mais Mill franchit un cap supplémentaire, et il poursuit son raisonnement, en anticipant les conséquences sur la vie sociale, si jamais on décide que s'écarter de la vérité ne présente aucune gravité.

Mentir pour le philosophe, ce n'est pas seulement exprimer des paroles fausses, c'est aussi et surtout menacer le bien-vivre social, c'est nuire à l'établissement du bonheur dans la société. Sa position est ferme, car l'auteur considère que le bonheur du groupe, ce qui nous permet de nous épanouir les uns avec les autres, repose précisément sur des relations réciproques de confiance. Dire la vérité accroît la confiance, et, donc, amplifie le bonheur des individus. De cette façon, la vérité apparaît plus utile que le mensonge, elle est bénéfique pour les hommes, pour leur existence en commun. Qui n'a jamais été soulagé en entendant quelqu'un faire preuve d'honnêteté face à lui ? Ne sommes-nous pas rassurés à l'idée que nos échanges reposent sur un pacte implicite de sincérité, que ce soit au travail ou dans la vie privée ? La morale de Mill s'appuie sur l'expérience, sur le vécu. Chez lui, ce qui est utile au bonheur de l'ensemble des hommes est moral. Le mensonge brise cette confiance, c'est pour cette raison qu'il est inutile et immoral. Dès lors, si la vérité est garante du bonheur, on pourrait s'arrêter là et se précipiter sur notre téléphone afin d'envoyer un message bien sincère, en criant haut et fort que ce cadeau était sacrément laid.

Oui mais voilà, bien que Mill s'affiche comme un fervent défenseur de la vérité, il n'oublie pas pour autant que, dans de rares exceptions, le mensonge aussi peut avoir une forme d'utilité. Il établit un certain nombre de situations, la plus importante étant le cas où mentir permet de préserver quelqu'un, de le mettre à l'abri, de lui éviter un désagrément. Mill prend des cas de figure extrêmes, où le mensonge peut être admis. Par exemple la situation où l'on doit cacher la vérité, pour ne pas localiser un ami recherché par un malfaiteur, ou celle où l'on ment à une personne gravement malade. Certes, de ce point de vue, révéler notre déception face à un cadeau qui nous a déplu est loin d'être une situation d'urgence, mais, là encore, l'expérience est au premier plan et nous aide à déterminer nos actions. Qu'est-ce qui est le plus utile au bien-vivre ensemble dans cette situation ? Être en mesure d'exprimer ce que l'on pense, surtout si l'on a été blessé, est essentiel, à condition que cela ne place pas l'autre dans une peine encore plus grande. Si cela place la personne en face dans un chagrin démesuré, alors mieux vaut se taire.

La vérité demeure la plupart du temps bien plus utile, pourtant, le mensonge peut parfois se justifier. Ce souci de diplomatie est une manière de prendre soin de l'autre. L'exception doit cependant être encadrée par deux conditions. D'une part, elle doit être reconnue de manière indiscutable. D'autre part, il faut en marquer les limites, les définir avec précision, pour éviter qu'on ne les étende à d'autres choses mettant à mal nos précieux liens sociaux. Alors peut-être que, pour cette fois, vous pouvez reposer votre téléphone et faire semblant d'aimer votre cadeau, mais n'hésitez pas à avouer rapidement à votre amie que vous n'appréciez pas sa cuisine. Vos liens n'en seront que renforcés.

Mill en quelques lignes
(1806-1873)

Né à Londres, en 1806, John Stuart Mill est élevé par un père économiste qui a pour ambition affichée de faire de son fils un génie. Suivant les conseils du philosophe Jeremy Bentham, il lui donne une éducation très rigoureuse et exigeante. Mill apprend l'alphabet grec dès ses trois ans, et est initié à l'algèbre, l'économie, et la philosophie à l'âge de huit ans. Victime d'une importante dépression à vingt ans, il tente de rééquilibrer cette éducation exceptionnelle en essayant d'écouter davantage ses émotions. Il devient ensuite journaliste dans des revues prônant un libéralisme. Disciple et ami d'Auguste Comte qu'il soutient financièrement, il est profondément marqué par le positivisme, qui, contrairement à ce que le nom pourrait faire croire, n'est pas l'éloge d'une vie positive, mais bien un courant de pensée insistant sur la rationalité scientifique. En 1858, John Stuart Mill s'installe dans sa maison en France près d'Avignon. Élu à la Chambre des Communes en 1865, il défend le droit de vote des femmes et leur émancipation, devenant un des précurseurs du féminisme. En matière de morale, John Stuart Mill adapte l'utilitarisme de Jeremy Bentham. Il fonde le devoir sur la recherche du bonheur général. Il met l'accent sur l'aspect qualitatif du bonheur. Le but de l'humanité est de réduire l'écart qui existe entre le bonheur individuel et le bonheur public, collectif. Tant que cet écart existe, le bien d'autrui doit l'emporter sur le bonheur personnel. Le bonheur prôné par Mill est altruiste. Son utilitarisme est tourné vers le bien-être de la société.

Le livre anti-crise

L'Utilitarisme

Publié en 1861, John Stuart Mill défend sa définition de l'utilitarisme, doctrine prônée avec lui par Jeremy Bentham. Sa théorie fait de l'utilité le seul critère de la moralité. Une action utile est une action qui contribue au bonheur du plus grand nombre. Ce bonheur se caractérise par la recherche de plaisir de qualité.

Philo Rescue

- Ce qui est utile, c'est ce qui apporte le plus de bonheur dans la société.
- Dire la vérité est utile car cela accroît la confiance entre les personnes. Et la confiance est une des bases du bonheur en société.
- Mentir nuit au bonheur, sauf dans certaines exceptions où seul le mensonge permet de préserver une personne. Il est essentiel de bien mesurer ses paroles.

Remerciements

> « Vous me demandez l'histoire de ma vie, je vous raconterai les livres que j'ai lus »,
>
> Ossip Mandelstam,
> Été 1914.

Merci à mon frère, le meilleur de moi-même. Sans qui le tout ne serait rien. Je souhaite à toutes les sœurs du monde d'avoir un antécédent comme lui. Merci à ma Maman pour son amour indéfectible et puissant, pour son courage, pour sa fantaisie, et, surtout, pour le courage de sa fantaisie. Merci à mon Papa, d'avoir tant voulu ce livre, et de m'avoir donné dans son exigence la trame de toute ma confiance. Merci à Alexandre, d'être lui. Et de construire des cabanes dans lesquelles m'abriter. Ce livre est le nôtre, on se souviendra de cette vie toute notre vie. Merci à Coco, pour son fioul, et à la destinée de multiplier l'amour en m'offrant un troisième jumeau. Merci à Laura-Maï, pour nos fils éternellement emmêlés. Merci à Pierre, pour l'écriture qui sauve et qui s'inscrit dans la chair. Merci à Sylvie pour sa tendresse constante et son regard conquérant. Merci à Simon pour nos mois de mars et les tumultes qui fondent.

Il n'y a pas de coutures plus précieuses, ni plus délicates, pour traverser en riant tous les méandres de la vie.

Merci à Susanna, Léonard, Emmanuelle. Je n'aurais jamais pu espérer de regard si juste, ni si précieux. Votre confiance m'a transformée en auteur. Ma reconnaissance est infinie. Merci aux professeurs qui ont su faire de moi une élève, et aux élèves qui ont fait de moi un professeur. Vous m'apprenez chaque jour à être un peu meilleure. Merci à Frédéric Manzini de m'avoir présenté le sensuel Spinoza. Merci à Alain Granat de m'avoir fait comprendre si tôt combien la philosophie est sexy. Et merci à Stéphanie Janicot pour le vertige des premiers mots. Merci à Bérangère, Carole, Nitha, Rachel, Océane, Marley, qui, par leur enthousiasme et leur compétence, assurent ma sérénité, et rendent mon écriture possible. Merci à Ingrid, voyageuse inspirée et découvreuse inspirante, nous finirons bien par nous croiser. Merci à Maud pour les affinités électives. Merci à toutes les Yiddish Mama. Merci à Virginie, Olga, Jola, Ulysse, Ilona, Malizzia, Eva, et Laurent-David, pour les solidarités mystérieuses et les encouragements qui nourrissent. Merci à Emmanuel M. et aux soirs de victoire.

Merci à Spinoza, Aristote, Bergson, Wittgenstein, Hume, Pascal, Nietzsche, Kant, Platon, Heidegger, Levinas, Mill, sans vous, les gars, je n'aurais pas su quoi faire.

12619

Composition
FACOMPO

Achevé d'imprimer en Espagne
par CPI *(Barcelone)*
le 17 décembre 2024

Dépôt légal : mai 2019.
EAN 9782290209691
OTP L21EPLN002594-651815-R5

ÉDITIONS J'AI LU
82, rue Saint-Lazare, 75009 Paris

Diffusion France et étranger : Flammarion